U0681218

100 位

为新中国成立作出突出贡献的英雄模范人物

于 化 虎

闫 峰/编著

★

吉林文史出版社

图书在版编目（CIP）数据

于化虎 / 闫峰编著. -- 长春：吉林文史出版社，
2011.4（2022.4重印）
（100位为新中国成立作出突出贡献的英雄模范人物）
ISBN 978-7-5472-0502-0

Ⅰ. ①于… Ⅱ. ①闫… Ⅲ. ①于化虎（1914～2004）－
生平事迹 Ⅳ. ①K825.2

中国版本图书馆CIP数据核字(2011)第049559号

于化虎

YUHUAHU

编著/ 闫峰

选题策划/ 王尔立　责任编辑/ 王尔立

装帧设计/ 韩璘

出版发行/ 吉林文史出版社

地址/ 长春市福祉大路5788号　邮编/ 130118

电话/ 0431-81629363　传真/ 0431-86037589

印刷/ 天津海德伟业印务有限公司

版次/ 2011年4月第1版 2022年4月第6次印刷

开本/ 640mm×920mm　1/16

印张/ 9　字数/ 100千

书号/ ISBN 978-7-5472-0502-0

定价/ 29.80元

《100位为新中国成立作出突出贡献的英雄模范人物》丛书

★★★★★

编 委 会

/100 位

为新中国成立作出突出贡献的英雄模范人物/

八女投江	于化虎	小叶丹	马本斋	马立训	方志敏
毛泽民	毛泽覃	王尔琢	王尽美	王克勤	王若飞
邓 萍	邓中夏	邓恩铭	韦拔群	冯 平	卢德铭
叶 挺	叶成焕	左 权	诺尔曼·白求恩		任常伦
关向应	刘老庄连	刘伯坚	刘志丹	刘胡兰	吉鸿昌
向警予	寻淮洲	戎冠秀	朱 瑞	江上青	江竹筠
许继慎	阮啸仙	何叔衡	佟麟阁	吴运铎	吴焕先
张太雷	张自忠	张学良	张思德	旷继勋	李 白
李 林	李大钊	李公朴	李兆麟	李硕勋	杨 殷
杨子荣	杨开慧	杨虎城	杨靖宇	杨闇公	萧楚女
苏兆征	邹韬奋	陈延年	陈树湘	陈嘉庚	陈潭秋
冼星海	周文雍、陈铁军夫妇		周逸群	明德英	林祥谦
罗亦农	罗忠毅	罗炳辉	郑律成	恽代英	段德昌
贺 英	赵一曼	赵世炎	赵尚志	赵博生	赵登禹
闻一多	埃德加·斯诺	夏明翰	格里戈里·库里申科		
狼牙山五壮士		聂 耳	郭俊卿	钱壮飞	黄公略
彭 湃	彭雪枫	董存瑞	董振堂	谢子长	鲁 迅
蔡和森	戴安澜	瞿秋白			

前 言

　　每个人的心中都多少有一点英雄情结，都向往英雄、景仰英雄。也正因此，在中华人民共和国建国六十周年之际，由中央十一部委联合组织开展的"100位为新中国成立作出突出贡献的英雄模范人物和100位新中国成立以来感动中国人物"的评选活动中，群众参与投票总数近一亿。这其中的每一张选票，都表达了人们对英雄模范的崇敬之情，寄托着对伟大祖国的美好祝福。

　　一个民族不能没有英雄，否则这个民族就不会强大。当国家危难之时，懦弱者选择了逃避、妥协甚至投降，英雄们却挺身而出，用热血捍卫民族的尊严，人民的幸福。在创立和建设新中国的伟大历程中，涌现出无数可歌可泣的英雄模范人物。他们之中，有为了民族独立和人民解放而英勇牺牲的革命先烈，有为了党和人民的事业而不懈奋斗的优秀共产党员，有在全民族抗战中顽强奋战、为国捐躯的爱国将士，有英勇杀敌的战斗英雄和革命群众，有积极从事进步活动的著名民主爱国人士和国际友人……他们是民族的脊梁、祖国的骄傲，是激励全体人民团结奋斗的精神力量。

　　《100位为新中国成立作出突出贡献的英雄模范人物传记》丛书，就像一部星光璀璨的英雄谱，真实、完整地记录了英雄模范人物不平凡的一生，再现了他们非凡的人格魅力和精神世界。"头颅可断腹可剖"的铁血将军杨靖宇，"毫不利己，专门利人"的白求恩，"抗战军人之魂"张自忠，"砍头不要紧"的夏明翰，"俯首甘为孺子牛"的文化斗士鲁迅……一串串闪光的名字，一个个动人的故事，犹如群星闪烁，光耀中华。

　　如今，战火已熄，硝烟已散，英雄已逝，我们沐浴在和平的幸福之中。在和平年代，人们不会忘记为今日的和平浴血奋战的英雄们，英雄的故事永远不会结束。让我们用英雄的故事唤醒我们心中的激情，为中华民族的伟大复兴而奋斗。

生平简介

于化虎（1914-2004），男，汉族，山东省海阳市人，中共党员。

于化虎1942年组织基干民兵队伍，投身抗日行列。他带领民兵制造出踏雷、绊雷、连环雷、夹子雷、钉子雷、梅花雷等二十多种地雷，有力地打击了日寇，威震胶东。1943年5月，他率领爆破组在村边埋下七十多枚土制石头拉雷和石头绊雷，炸死炸伤前来袭击的日军十七人。1945年夏的一天，日军聚集约四百多人，对周围村庄进行"扫荡"。于化虎组织民兵，混入敌人内部，活捉敌人十四个哨兵，穿上哨兵的衣服进村布雷，然后撤出，放枪诱敌上钩。敌人慌乱互相射击，地雷遍地开花，死伤四十七人。他积极传授布雷技术，1944年10月，于化虎等五人受胶东军区委派，到烟潍线开展地雷战，历时四个多月。他教给一千多名民兵埋雷技术，在蓬莱附近一次就炸死炸伤日伪军二十八人。一直到抗战胜利为止，他亲手培养起来的爆炸模范仅三个地区就有二十多名，会使用五种以上地雷的爆炸手达一千四百多人，他曾创造一枚地雷杀伤七名敌人的纪录。1945年被胶东军区授予"爆炸大王"称号，评为"胶东民兵英雄"。1950年出席在北京召开的全国英模代表会议，被评为"全国民兵英雄"。

1914-2004
[YUHUAHU]

◀ 于化虎

目 录 MULU

地雷战传奇英雄（代序）

　　"不见鬼子不挂弦！"这是电影《地雷战》中的经典台词，看过电影的人一定都记得影片中那个机智英勇的赵家庄民兵队长赵虎，他带领赵家庄的人民用地雷阵对付日本侵略者，也一定记得片中的日军被我们的地雷炸得落花流水、狼狈不堪的样子，开门有雷、打开锅盖有雷，可以说日军走到哪儿我们的地雷就炸到哪儿。以前看这部电影的时候，我觉得那些不过是电影的艺术效果，并不是真实发生的事。但一次偶然的机会让我了解到赵虎，事迹并不是杜撰的，而是根据发生在胶东地区的真实事件改编而来。他的原型就是本文的主人公于化虎和另一位民兵英雄，同时也是于化虎的好朋友赵守福。那么现在就让我来告诉你于化虎是一个什么样的人，又是怎么成为了地雷战的传奇英雄吧。

　　于化虎出生在山东省海阳县的文山后村，身体壮硕，宽宽的肩膀，粗壮的手臂，一张黝黑的脸庞，是一位典型的山东大汉。同时他的身上也有着山东人除暴安良、乐于助人的优良传统。因为从小就受到帝国主义和封建主义的双重压迫，于化虎的心里早就有一种想要反抗这一切压迫，为人民群众谋幸福的想法，只是一直找不到好的方法。抗日战争爆发后，他看到了共产党的所作所为，认识到他们是真正为人民谋利益的组织，便积极拥护共产党，成立民兵基干队，带领本村的民兵拿起土枪大刀对抗日本军队，保卫自己的家乡。

更在这个过程中，发挥了胶东地区山多石头多的特点，创造出石雷这一特殊的地雷，因为他把地雷用得就像活了一样，无处不在，大家都称他的石雷为"活雷化虎"，就像一只猛虎一样，扑向日本侵略者，把他们炸得四处逃窜。

于化虎不但带领本村的村民开展地雷战，还同邻村的民兵联系，建立民兵联防组织，做到了"村连村、心连心"，"一村有难，众村解围"，来犯的敌人常常被夹在中间，进不得退不得，真正成了"瓮中之鳖"。许世友将军更是在《在胶东反"扫荡"的岁月里》一文中特别称赞了海阳县的地雷战："……英雄的海阳民兵，以地雷战闻名于整个胶东。他们根据对敌斗争的需要，创造出了十多种地雷和三十多种埋雷、设雷手段，从简单的铁雷、石雷、绊雷，发展到复杂多变的飞行雷、马尾雷、防潮雷、子母连环雷、慢性自燃雷等等；从单一的沿路埋雷发展到村村设下'地雷宴'，人人而雷，户户有雷，真真假假，虚虚实实，炸得敌人风声鹤唳、鬼哭狼嚎。日军禁不住哀叹：'石头雷大大的厉害！'"海阳当地流传的歌谣也形象地表现出当时地雷战的盛况："铁西瓜，开了花，空中飞起来大洋马，鬼子的脑袋搬了家，受伤的鬼子满地爬！"

抗战时期，于化虎、赵守福等人开展的海阳地雷战共计毙敌千余人，在现代人的眼里这并不是什么突出的数字，因为在现在，任何一种小型武器所造成的伤亡就不止是这个数字，但在那样一个物质匮乏、技术落后的年代，于化虎这些民兵用自己动手创造出的地雷取得了这样的成绩是不容小觑的。地雷战不仅在胶东革命斗争史上写下了光辉的一页，而且在整个中华民族抗战史上也是浓重的一笔。

胶东诞生地

(1914—1939)

→ 驱狼少年

★★★★★

（0—12岁）

　　于化虎，原名于晋生。1914年出生于山东省海阳县文山后村一个贫苦的农民家庭。此时的中国虽然辛亥革命取得了成功，但外有帝国主义的侵略，内有北洋军阀的倒行逆施，社会一片动荡，劳苦大众身在无边无际的黑暗之中。

　　于化虎出生时家里只有几亩薄田，即使是在收成好的季节里，打出的粮食除去交租外，所剩的也难以维持家里人的基本生活，更别说要是碰上灾年，那就连吃的都成问题。于化虎从小就很懂事，6岁时就开始帮助父母下田干活。9岁时，随着家里人口的增多生活更困难了，于化虎就主动提出去给地主家扛长活，母亲虽然舍不得小小年纪的他就离家去干苦工，但也没有别的方法，只能偷偷地掉眼泪，于化虎看到母亲的样子，就对她说："妈，你别担心，我虽然小，但力气大，什么活都能干，等我挣了钱，给你和弟弟妹妹们买好吃的。别哭了好不好。"就这样于化虎开始了他的长工生活，在地主家每天天不亮他就得起床挑水、劈柴，然后跟着大人们一起下田干活，吃的却是剩菜馊饭，还不管饱。

12 岁时地主看他长得挺机灵的，个头也不小，就让他去放牛。这是个看上去挺"悠闲"的活，其实一点儿也不简单。每只牛都比他要高要壮，他得一早把牛赶到山坡上吃草，天黑前还得把它们带回圈里，不过，于化虎并不觉得辛苦，他总是在放牛的时候挖些野菜什么的给家里送去，还把牛粪捡起来晒干后当柴烧。这天，地主把他叫到跟前，指着他的鼻子说："我看这些牛这几天可有点儿见瘦，你今天把牛赶到老山沟那里去吃草，别整天偷懒就在这附近放，要是明天我发现牛又瘦了，小心我打断你的狗腿，听到没有。"地主说的老山沟在离村子几十里外的地方，四周人烟稀少，还时常有狼群出没，因此很少有人到那里去放牛，所以那里的草又多又嫩。于化虎把牛赶到老山沟后，就找了个荫凉的地方坐下休息，微风吹到脸上舒服极了，一会儿工夫于化虎就昏昏欲睡了,突然他听到"呜"的一声尖叫,吓得他一激灵,马上站了起来,转过身他发现一只狼正在离他十几步远的地方蹲着,龇着尖牙,嘴里还不停地发出"呜呜"的叫声,一双眼睛死死地盯着他,别看于化虎年纪不大,却很机智冷静,他知道此时呼救肯定是没用的,先不说这附近有没有人,就是有人听到他的呼救赶过来救他也来不及了。他想起村里的老人常说的一句话"狼怕弯腰狗怕蹲",他马上把腰一弯,果然,那匹狼倒退了几步,之后就在他对面坐了下来,长长的尾巴,在身后狠狠地绞动着,就这样,他们俩你看着我,我瞪着你,谁也不敢向前,谁也没有后退,僵持了一会儿后,那匹狼慢慢地站起来,嘴巴朝地下一拱,"呜——!"随着这瘆人的嗥叫,噌噌噌,又窜出六条狼来,成月牙形把他围住,这下,于化虎可真有点儿害怕了,不自觉地往后挪了一步,却不小心踢到了他装水用的小铁桶,没想到,铁桶"咣"的一响,那群狼反而往后退了好几步,于化虎灵机一动,一手拿起小铁桶,一手拿起放牛的鞭杆儿,叮叮当当不停地敲打起来,狼群不停地往后退,敲得越紧越响,狼跑得就越快,不一会儿工夫,就不见了踪影。于化虎赶紧赶着牛群离开了老山沟,后来母亲知道了他遇到狼群的事,就对他说:"你以后可别去那个地方了,要是再碰到狼可怎么办?"于化虎像个大人一样拍着胸脯说:"没事的，妈，邪不压正，再说我有了这次的经验后，就知道狼怕什么了，我会小心的，你放心吧。"

→ 善良助人

★★★★★

（13-17岁）

于化虎驱退狼群的事很快就在小伙伴之间传开了，大家都很佩服这个年龄不大却胆子不小的"英雄"，这其中就有于化虎后来的好朋友、好战友赵守福。

赵守福，1919年出生，比于化虎小五岁，住在赵瞳村，两个村都背靠文山，相隔不过三里。赵守福也是给地主放牛的，有一次他放牛的时候不小心把一头牛弄丢了，害怕地主打他，就一个人在放牛的地方哭，正好于化虎也在附近放牛，看到他一个人在哭，就走过去问："你怎么了，为什么哭？"赵守福答道："我刚刚不小心睡着了，就一小会儿的工夫，醒了就发现牛少了一头，我找了半天都没找到，地主要是知道我把他的牛弄丢了，非得打死我不可。"于化虎说："别哭了，哭也解决不了问题，快起来，咱们俩一起再找找看。"说完后拉起赵守福，两个人一起在附近开始找牛。于化虎放了几年的牛，有了一些经验，就在地上找看有没有新鲜的牛粪，顺着牛粪找，一直到天黑，终天在河边把牛找到了。于化虎对赵守福说：

"找到了，快回去吧，要不家里的人该着急了。要是地主问起就说今天放牛走得远，所以回来得晚。还有我叫于晋生，就住在隔壁的文山后村，也是给地主放牛的，以后要是有事，可以去那找我。"

"你就是那一个人赶跑一群狼的于晋生？我早就想认识你了，我叫赵守福，赵疃村的，改天你把赶跑狼群的事仔细讲给我听好不好？"

就这样两个背景相似、年纪相仿的人很快就成了无话不谈的好朋友。赵守福上过两年私塾，认得一些字，当他知道于化虎从小因为家里太穷没上过学又想认字之后，就常常在两个人放牛的时候教于化虎一些字。两个人在一起时，最喜欢聊的就是从老人们那里听说的英雄故事，常常用放牛竿当剑比划着，就好像自己是故事里的英雄，路见不平拔刀相助。有一次，他们俩赶着牛往村里走的时候，远远地看到一个小胖子正在打一个比他小四五岁的小男孩，他们俩连忙跑过去，一看打人的是本村周地主家的小儿子，于化虎上前一把拦住他。

"你为什么打人？"

"你是谁，管什么闲事，给我滚一边去，要不我连你一起打。"

于化虎指着地上被打的小男孩说："我和他是朋友，我就要管，你凭什么打人？"

"凭什么，就凭我爸是这村里最有钱有势的人。那个臭小子，走路不长眼睛，撞了我，今天我就是要教训教训他，让他知道马王爷有几只眼。"说完还要动手打人。

于化虎知道要是硬来，就算救了人，地主儿子认识他，以后也会有麻烦，便冲赵守福使了个眼色，赵守福便跑到一棵大树后躲起来学了几声狼叫，于化虎便喊道："狼来了，狼来了，快跑呀！"地主的儿子听于化虎喊狼来了，又听到"呜——呜——"的声音，以为真的是狼来了，吓得转身就往村里跑，鞋子掉了也不管。于化虎和赵守福对看了一眼，想起地主儿子逃跑时的狼狈样子，忍不住哈哈大笑起来。

于化虎用自己的机智、勇敢帮助了小伙伴，他的这种善良、乐于助人的行为，奠定了他今后在革命运动中成为大家信任的人。

→ 苦难生活

★★★★★

（18-25岁）

时间过得很快，一晃六年的时间很快就过去了，18岁的于化虎长成了一个典型的山东汉子，宽宽的肩膀，厚厚的胸脯，矫健的双腿，粗壮的手臂，微黑的脸庞上，前额饱满，鼻梁挺直，细长的眼睛里闪动着明亮的光，用现在的话来说就是一个"帅小伙儿"，但因为家里实在太穷了，一直没有人上门提亲。有一次在山上，于化虎看到一位年轻的姑娘背着一大捆柴在山路上艰难地走着，突然脚下一滑摔倒了，他赶紧走上去扶起了姑娘，并帮她把柴背下了山，这个姑娘叫赵嫚，于化虎在了解到她家里只有母女二人后，

▷ 于化虎的铜像

很可怜她们，就时常帮她们打些柴，挑点水，干些重活。日子久了，赵嫂开始喜欢上这个勤劳、善良、为人厚道的小伙子。于化虎也喜欢上了赵嫂的温柔、贤惠，不久后，他们就结婚了，结婚时甚至连一间像样的屋子都没有，只有一间破土房，不过日子虽然过得很苦，但他们的感情却一直很好。

1931 年日本发动了九·一八事变，拉开了日本对华战争的序幕，1937 年的七七卢沟桥事变则是日本全面侵华的开始。而早在这之前的 1915 年，日本就利用第一次世界大战的时机，取得了对山东的经济控制权，他们看中了山东富饶的物产，疯狂地搜刮山东的物资为他们日后的侵华做准备，使山东各地的人民陷入了水深火热的生活中。

在这样的大环境下，即使于化虎夫妻再勤劳能干，也依然连基本的温饱都达不到。有一年的腊月，眼看着就要过年了，家里却连吃顿饺子的面都没有，赵嫂对于化虎说："咱们两个倒是无所谓，可老人和孩子那边怎么办呀，一年也吃不上顿饱饭，这好不容易过年了，不能连顿饺子也吃不上呀。"于化虎看着空空的面缸，心里也十分难受，身为一个男人不能让家里人过上好日子，他也十分懊恼，赵嫂了解他的感受，便劝道："别难过了，是这世道不让人活了，不是你的错，咱们还是想想办法，看看怎么把这个年先过了吧，以后的事，慢慢再说。"于化虎把烟袋在炕上敲了敲，打开柜子把妻子新给他做的一件棉衣拿了出来，妻子连忙抢过来说："这可不行，你这十几年来都没做过一件棉衣，大冬天的也只穿件单衣，再壮的身体也受不了呀。"于化虎笑笑说："没事儿，这么多年没棉衣不是也过来了吗，先把它当了，买点儿面，像你说的以后有机会再做不就行了嘛。"妻子没有办法，说实话这也是家里唯一值钱的东西了。晚上，于化虎把当了棉衣后买的二升麦子拿回了家里，准备和母亲一起把麦子磨成面，谁知道前脚刚进屋，后脚一伙人就进来了，看到桌上的麦子二话不说抢了就走，于化虎追上去要同他们理论,被母亲拉住了,对他说："算了算了，大过年的，别去惹这帮狼了，真要是被他们打一顿这年也就没法过了。"看着一脸担忧的母亲，于化虎强忍下一口气，扶着母亲进了屋。第二天，于化虎的母亲一大早就起来，想去亲戚家里借点钱，可没走多远，就碰上了日本鬼子，鬼子因为老人没向他们鞠躬,不由分说,上前就把老人一顿毒打，看着浑身是伤的母亲，于化虎觉得再也没法忍下去了，他找到了赵守福对他说："这种黑暗的世道，是没我们穷人的活路了，反正忍也是死，打也是死，不如豁出去拼一下，死了也值。"赵守福知道他这是被气昏了，劝他道："于大哥，你的感受我能了解，我也想拼它一下，可我们不能硬干呀，不为别的，想想咱们家里的老人、妻子和孩子，要是咱们出了事，他们可就更没活路了。"于化虎也已经冷静了下来，说："你说的有道理，我这也是被气糊涂了，你说咱们这么大的中国，就让日本鬼子这么欺负吗？就没有办法对付他们吗？找个机会我一定要教训一下这帮鬼子。"不久后，这样的机会还真的出现了。有一天，于化虎和赵守福两个人去海阳县卖粮，路上看到两个喝醉了的日本兵，正在调戏一个年轻的姑娘，姑娘被吓得转身就跑，两个日本兵在后面一边大笑一边追，他们两个人也尾随在日本兵后面，等到没人地方，就一人一个从背后用米袋罩住鬼子，用挑粮食的担子对他们一顿狠打，两个鬼子就这样被他们打死了。事后，日本军队猜测这两个人可能是被八路军的人打死的，此事也就不了了之了。

参加革命

(1940—1942)

→ 英雄的土地

★★★★★

（26岁）

山东是一个人杰地灵的地方，这里有"文圣"孔子，还有"兵圣"孙武。前者的《论语》后者的《孙子兵法》，一文一武都是不可超越的经典。山东人不但乐善好施，骨子里更有一种"路见不平一声吼"的豪侠精神。这片土地上不但孕育出无数的英雄好汉，也流传了很多的英雄故事。于化虎从小最大的爱好就是农闲时听村里的老人讲那些爱国英雄的故事，而留给他印象最深的就是戚继光和左宝贵。

戚继光，山东东牟（今莱芜）人，明朝著名的爱国将领，他出生在将门，受

△ 戚继光雕像

父亲教育影响，从小喜爱军事，并立志做一名正直的文武全才的军人。当时，中国的沿海常常受到倭寇的侵扰，戚继光十分痛恨倭寇的暴行，16 岁时，他曾经写下一首诗："封侯非我愿，但愿海波平。"意思是说，做官并不是他的愿望，他的愿望是祖国海疆的平静。17 岁那年，他继承父亲的职务，开始了金戈铁马的军事生涯。戚继光一上任，摆在他面前的严峻问题就是倭寇为患。倭寇是指日本内战中的一些残兵败将，以及部分浪人和商人，从 14 世纪元代末年到明代初年，他们经常驾驶海盗船只，在中国沿海一带打家劫舍，杀人放火。到了 15 世纪下半叶，倭寇越来越猖狂，他们与中国沿海一带的土豪奸商相勾结，有的甚至深入内地，攻陷州县，倭寇成了中国东南沿海的一大祸害。1555年，由于戚继光在山东抗倭寇有方，朝廷把他派往浙江，任定海参将，这里是倭寇活动的中心地区，戚继光组织了一支由农民、矿工组成的军队。他还根据中国南方沼泽多，倭寇又惯于用重箭、长枪作战的特点，创造了一种"鸳鸯阵"，这是和敌人进行短距离肉搏的战斗组合。在战斗中，戚继光的军队先以火器、弓箭作掩护，敌人进入百步之内发火器，进入六十步内发弓箭，敌人再进，便用"鸳鸯阵"冲杀。这支四千多人的新军，经过戚继光的严格训练，精通战法，军纪严明，战斗中屡战屡胜，深受人民的爱戴，人民称这支军队为"戚家军"。1561年，倭寇数千人，驾一百多支战船，大举侵犯浙江台州地区，戚家军闻讯，神速迎敌，在台州一带九战全捷，全歼敌人。从此倭寇闻风丧胆。因为戚继光的英勇善战，军功卓著，很快得到升迁，转战到福建。在戚继光和其他将领的共同努力下，抗倭寇战争节节胜利，浙江、福建等沿海地区日趋安定，经济也逐渐繁荣起来。

左宝贵，山东费县地方村（今属平邑）人，1856年，左宝贵应募从军，开始了戎马生涯。他随清兵转战大江南北，在战斗中屡立战功，受到重用，累升千总、都司、游击、参将、总兵、记名提督，成为清廷高级军官，乡人称他"左军门"。1894年中日甲午战争爆发，清政府调集左宝贵等五路大军增援朝鲜，反击日本侵略军。统帅叶志超贪生怕死，不听左宝贵等人劝告，致使清兵坐失良机，平壤城陷入日军重重包围。9月12日，叶志超召集众将，提出弃城逃跑的主张，左宝贵拍案而起，愤怒地说："谁怕死自己走，我誓与平壤城共存亡！"并当众把企图逃跑的士兵斩首示众。叶志超不得不放弃逃跑打算，内心却对左宝贵怀恨不已，派他防守平壤城东北及北面的牡丹台、玄武门一线。这里位置重要，是敌人重点进攻地。14日，日军以猛烈的炮火轰击城北门，左宝贵镇静自若，站在城门楼上指挥火炮还击。自晨至午，打退日军数十次进攻，敌尸体狼藉，不能越雷池一步。下午，日军兵力大增，猛攻制高点牡丹台。守军弹药不足，向统帅叶志超求援，竟遭到拒绝。危急之际，左宝贵亲自去找叶志超，要求给以援助，叶志超诡称无兵支援，竟然见死不救。左宝贵见叶志超不顾

大局,慷慨激昂地说:"大敌当前,应同仇敌忾,宝贵食君禄,尽君事,誓与日军决一死战!"愤恨地回到阵地,同敌浴血奋战。由于弹药不足,人员伤亡,牡丹台终于失守,玄武门暴露在敌人火力之下。左宝贵见情势危急,下定了与平壤城共存亡的决心。他两眼闪着怒火,穿上清廷赏赐的黄马褂,头戴双眼花翎,站立在玄武门城头,激励官兵奋勇杀敌。日军军官在望远镜中察知他是高级指挥官,令炮兵瞄准射击,连串的炮弹在他身边爆炸,部将见主帅处境危险，劝他下楼暂避，被他斥责。众亲兵强挽他下城，他又奋力挣脱，复立城头。这时垛口炮手牺牲，左宝贵赶上前，亲燃大炮，连向敌人射榴弹 30 发。亲兵见主帅临危不惧，均奋力抗敌，舍生忘死。忽然一块弹片穿入左宝贵右肋，立时鲜血染红战袍。他依然屹立城头督战，继又胸中一弹，喉中一弹，终于伤重倒地，壮烈殉国。

这两位抗倭英雄的事迹深深震撼着于化虎的心灵，他不但被二人的爱国热情所感动，也一直希望自己能像他们这些护国英雄一样，为自己的祖国作出贡献，但却不知道该从哪里开始。他也想过去参军，可是看到那些伪军的所作所为，痛恨都来不及，就更别说去加入他们了。这时，离开村子出外打拼了几年的于凤阳回到了村里，当时大家还不知道，于凤阳在外这几年已经加入了共产党，此次回村，就是按照党的工作安排来这里宣传党的方针政策，提高广大农民群众的思想觉悟，动员更多的农村青年参加到抗日斗争中去。于凤阳和于化虎一个住在村尾一个住在村头，小的时候还曾经一起在地主家里做过苦工，于凤阳通过对于化虎的观察，认为他是一个拥有满腔爱国热情的人，于是就想发展他参加革命。有一天他来到于化虎家闲聊，对他说：

"老弟，这几年过得怎么样？"

"唉，一言难尽，你也看到了，这地租又涨了，今年的天气又不好，恐怕今年又要白忙一场了，这世道真是一点儿也不给穷人活路呀。"

"是呀，咱们这些人从早忙到晚，到最后却连饭都吃不上。"

"都是这帮小日本给闹的！"

"你说得对，不过，老弟，我记得你小时候一个人就把狼群给吓跑了，怎么现在没想过对付一下这些像狼一样的日本人呀？"

"怎么没想过，那年我老母亲只因没有对日本鬼子鞠躬就被毒打一顿，当时我就差一点儿找他们拼命去了，可冷静下来一想，你说我就一个人，就是拼了这条命不要，也不一定能把鬼子杀了。再说我这家里上有老、下有小的，我是真不放心呀！"说完他向窗外看了一眼，见院里没人就小声对于凤阳说："不过，我前年也杀过一个小鬼子，真解气呀。"于是就把他和赵守福两个人偷偷跟踪两个小鬼子的事讲给了于凤阳听。听完他的讲述后，于凤阳点点头说：

"好样的，这才像咱们爷们儿该做的事，不过之前的考虑也是对的，独木难成林，一双筷子太容易断，光靠一两个人的力量是难成大事的。"接着于凤阳小声对于化虎说：

"老弟，你听说过这个吗？"说着用手比划了个"八"。

"你是说八路军？"

"对，共产党的八路军。"

"听说过，前阵子行村那边伪军的粮仓据说被一伙八路军偷袭了，这不，现在伪军天天在城门口设卡捉人呢，说他们是什么'赤匪'，不过我看不像，能和伪军做对的人我估摸着也坏不到哪去。"

"老弟，你说对了，共产党的八路军可不是什么'赤匪'，他们才是真正为咱们这些穷人着想的人。"

"你怎么知道的？"

"老弟，我看你也是个有血性的人，不怕告诉你，我也参加了八路军。"

"真的？"

"当然，这还有假。"

于是于凤阳把自己参加革命的经过以及八路军的革命宗旨和这次回来的任务，向于化虎详细地说了一遍。

于化虎一直在仔细地听着他的话，听完后他便问："于大哥，你们还要人不？"

"其实我这次回村，就是根据上级的要求，在本村里发展一些有抱负、有理想的青年，参加革命，成立根据地，共同对付日本侵略者。我其实也观察你一阵子了，你真的想参加八路军，不怕死吗？你的家里人不会反对吗？"

于化虎低头沉思了一会儿，毅然地抬起头说："不怕，我以前是怕自己万一出了什么不测，家里没人照顾，可听你刚才那么一说，我算是明白了，咱们这些穷人要是不为自己当家做主，到什么时候都一样是受人欺负，与其坐着等死，不如起来反抗，也不枉咱们'山东汉子'的名号。"

"好，我就知道我没有看错人，不过，我们也不能光凭一股热情就鲁莽做事，要一步步来，以后，你可以常去我那儿，我那里有一些小册子，都是宣传共产党八路军的，你可以先看看，我也可能给你讲。"

如果说于化虎最初是被于凤阳所说的杀日本鬼子行为所"打动"决定加入革命的队伍，那么经过一段时间对共产党的认识，他已真正地从心里认识到共产党是一个全心全意为人民服务的政党，共产党所领导的八路军是一支真正能救贫苦百姓出深渊的军队，而不是像伪军那样与日本人勾结一起欺负中国人。他心里埋藏的爱国热情被激发了起来，他决定参加抗日队伍，跟着共产党走，推翻压在身上的三座大山，解放自己的家乡。

→ 减租减息运动

★★★★★

（27 岁）

一直以来，地主作为封建主义的代表，对广大农民进行残酷的剥削，农民辛辛苦苦种了一年的地，结果大部分的粮食却被作为租金交到了地主的粮仓里，而农民却只能吃野菜和麸子皮，有的农民甚至连这些都吃不上，只得向地主借钱，可利息非常高，结果利滚利，最后还不上钱只好卖儿卖女，年年都有饿死人的事发生。为了改变这种长期受压迫的生活，提高农民的革命意识，于凤阳同于化虎等人商量决定发动贫苦农民向地主进行减租减息运动。

于化虎非常积极地参加了这一活动，他一边利用下地干活的时机，向农民兄弟宣传共产党的政策，用事实深刻揭露地主阶级的剥削本质，他说："我们辛苦一年，只不过是想吃上饱饭，可地主们的心太黑了，他们恨不得把我们的每一粒粮食都装到他们的口袋里，要是我们再不起来反抗，就真的没有希望了，难道你们愿意我们的孩子也像我们一样，一辈子过着牛马不如的生活。"有的人就说："我们都是面朝黄土背朝天的农民，真的能与地主们斗吗？"他答道："当然能，只要我们大家一条心，就没有什么害怕的，我们要相信自己。"同时他还找到村里比较进步的青年，鼓励他们一起带头参加这次减租运动，通过他的动员，很多人都参加到这次运动中来。农民的情绪被调动起来后，于化虎便带领大家一起来到村里最大的地主家，地主看到这么多人不干活来闹事就说："闹什么闹，种地交租，是几辈子的传统，交不上地租是你们自己懒惰不干活，跟我有什么关系，赶快回去上工，要不我就把你们的地收回来，我让你们一粒粮食也得不到。"地主本以为几句威胁的话就能让这些人害怕，可他没想到，这些长期受压迫的农民早就积压了太多的怨气，又听到地主把责任都推到他们身上更是气愤难挡，于化虎带头说："地租我们可以交，可你这两年已经涨了几次地租了，那么高的地租，我们怎么交。"大家也附和道："对呀,对呀。"于化虎又说："你不是要把地收回去吗，那就收吧，反正按现在的地租我们种不种地都没饭吃，怎么样都是死，你把地收回去，自己慢慢种吧。"说完就要带着大家走，地主从没有看到这些平时老实巴交的农民这么激动，他也怕这些人要是真的不种地了自己没了收入。他看出于化虎是这些人的领头人，连忙上前拦住他说："小兄弟，有话好说，咱们俩谈谈怎么样。"他是想要私下给于化虎些好处，让他带着这些人赶快回去，别再闹事。于化虎却义正词严地拒绝了，他说："咱们俩没什么好私下谈的，有什么咱们就当着大家的面说清楚，而我们的要求也不高，只是要你们把地租和利息都降下来，除了这个，别的没什么好谈。"地主被他们逼得没办法，又看到大家这么团结一致，只好勉强地答应了他们提出的减租减息要求。这次斗争的胜利加强了于化虎革命的信念，他深深感到了团结的巨大力量。

→ 民兵基干队

（28岁）

　　虽然这次减租减息运动取得了小小的胜利，但那些被迫减租的地主怎么会甘心自己的利益受到威胁，于是他们联合起来，找到他们的"保护者"伪军和鬼子兵来撑腰。在共同利益的驱动下，这些人开始不断地骚扰、恐吓参加运动的农民，威胁他们以后要老老实实地种地交租，要是再敢参加这些革命活动，就把他们都抓起来。刚刚开始的斗争之火，眼看着就要被他们扑灭，1942年，负责文山后村工作的于凤阳根据党的要求，提出武装斗争的新方针，"要保住斗争果实，就必须组织我们自己的子弟兵，拿起枪杆子和敌人拼。这样才能消灭敌人，才能彻底地翻身解放！"

于化虎听从党的安排，和村里的穷苦兄弟们马上秘密地组织起一支五十多人的民兵基干队，全体队员面对村前的盆子山庄严起誓："有毛主席在，就有我们在！盆子山不倒，人民不会倒！保卫家乡，坚决与日寇斗争到底！"于化虎由于平时乐于助人，并且在减租减息等运动中的出色表现被大家推举为民兵基干队的队长，带领村民反抗地主、伪军等一切反动阶级的压迫。由于当时的条件限制，民兵队没有像样的武器，只有自制的土枪和大刀。说到大刀，不得不提一下另一位山东抗日名将赵登禹，正是因为他，大刀在山东才会如此普遍，不论老少，人人都能舞上几下。

赵登禹，山东菏泽人，自幼师从武术名家朱凤军练习武术，尤其擅长使大刀，一把大刀舞得虎虎生威，曾有人在他练刀的时候，向他泼了一簸箕黄豆，结果他收刀之后，身边三尺之内没有一粒黄豆，全被他的刀风扫落在四周了。后来他跟随冯玉祥的部队转战南北，并把大刀技艺在军中发扬光大。1933 年，日军侵占热河后，向长城的喜峰口发动进攻，赵登禹利用敌人警戒疏忽，率部队从两翼迂回到敌人后侧，进行包抄袭击，砍杀日本鬼子五百余人，炸毁大炮十八门，从此"大刀队"扬名海内，令日寇闻风丧胆，消息传回山东，大刀更成为山东人的骄傲。1937 年卢沟桥事变后，赵登禹奉命驻守南苑，为掩护大部队转移，与日军在大红门展开激烈搏斗，因敌我力量悬殊加上汉奸告密，赵登禹身负重伤，临终遗言"将士殉国，不负国家、父母养育之恩"，牺牲时年仅 39 岁。

虽然只有土枪、大刀，但这些英雄的民兵队员们在面对日伪军时却毫不退缩，刚成立不久的民兵队，就发扬了"大刀队"的勇猛精神，给了伪军一次迎头痛击。

1942 年中秋节前，于化虎得知有一小股伪军刚从隔壁村抢了粮食，正准备抄近路从文山后村旁边的小路回据点。于化虎心想不能让他们这帮汉奸这么轻易地就从这里过去，怎么也得留下点过路钱。他马上召集民兵队的全体队员，并发动村里的青年人，来到小路上，他指挥大家在路上接连挖了几个大坑，把从村里带来的粪水倒在里面，坑口上用细树枝铺上一层，然后又把挖出来的土重新盖在树枝上，弄得和周围的土一样，一点痕迹也看不出来。他又让民兵队的人拿好武器躲在两边的树林里。不一会儿，一小队伪军进入了他们的视线，这些伪军刚刚抢了粮食，一个个得意扬扬，歪戴着军帽，嘴里哼着小曲，还有几个人把洋枪放在驮粮食的马背上，一个长官模样的人手里抓着抢来的鸡鸭，边走边说："兄弟们，快点儿走，今晚加菜，咱们喝他个够，明天再来'拿'，你们说怎么样！"那几个伪军道："好！好！谁叫这些穷鬼没个眼力见，过节了也不来'孝敬孝敬'咱们，那咱们就只好自己动手了。"话音刚落，那几个伪军就一脚踩到了大坑里，一个不稳，摔了个四脚朝天，沾了一身的粪水。此时于化虎从隐藏处出来，对他们说道："谁说我们不'孝敬'你们，这不是给你们送礼来了吗？"说完挥动大刀，领着民兵队冲向还在发蒙的伪军，当他们想起来拿枪反抗时，民兵们的大刀已经到了眼前，一个个还来不及张大嘴巴喊"救命"，眨眼的工夫就被于化虎他们解决掉了。之后，于化虎派人把他们抢来的粮食又送回了隔壁村，把

△ 赵守福和于化虎在研究射击

缴获的伪军的十几支洋枪补充给了民兵队。

在战斗的过程中于化虎进一步认识到团结的重要性，于是他联系上赵守福，把赵疃村几十个人也组织起来成立民兵的队伍，随后又发动起附近的向家、孙家、框村三村群众联合起来，组成共同的联防战线，同日本鬼子和伪军开展不屈的反"扫荡"斗争，同时也为今后的地雷战打下了良好的"村村合作"基础。

地雷战初显神威

（1941—1943）

→ 地雷战的缘起

（27岁）

　　写到这里，我想有必要说明一下地雷在中国的历史以及没有任何武器制造经验的农民能够自制地雷的原因。

　　首先，地雷是一种古老的兵器，正如地雷依仗火药才能爆炸一样，地雷的故乡，也只能在火药故乡的中国诞生。早在两宋时期，我国开始出现"震天雷"，也就是把炸药装在生铁制造的容器内，点燃引线后，既可以放在地上爆炸，也可以像现在的手榴弹那样进行投掷。那可以算是地雷的雏形。到明代，茅元仪在著名的《武备志》中已经记载了十多种地雷的形制及特性，并绘有那个时代地雷的构造图。从此书看，明代地雷的制造与运用已经趋向成熟。而我们前面提到的戚继光也是个制雷高手，他所制造的"自犯钢轮火"，已经是一种相当成熟的地雷。在使用时，就是把一个中间藏有钢轮的石炮埋到地下，如果有人踏动，钢轮就会转动，火从钢轮下的石匣中喷出，引燃炸药并连带使周围的石炮一起爆炸。可以说，从原理与威力上看，这已经是现代意义上的地雷了，而且是"连环雷"。更重要的是，当时戚继光所研制地雷对付的目标，正是在五百年后侵犯他家乡的日本侵略者！因此，从某种意义上说，历史上的"地雷战与山东密切相关"的说法，是相当准确的。

其次，地雷的原理其实非常简单，那就是在一个球形或者其他形状物体的空腔内装入炸药，压实，这就是雷体。然后安装引信，而引信的原理则更为简单，那就是一个圆筒而已。这个圆筒里面装的是铜丝和白磷。铜丝做成弹簧一样弯曲的形状，而弹簧的四周是易燃度很低的白磷。如果受到外力作用拉直的话，那么就会在弹簧拉力的作用下产生热量，白磷点燃后，就引爆雷体里面的炸药。而雷体表面的花纹被刻意制作成无数小菱形的形状，目的是为了制造更多的弹片，最大限度杀伤敌人。而炸药的获取，看来可能神秘，其实在农村地区，却简单得很。例如产生爆炸成分最核心成分的硝酸铵，其实就是把那个时代农村很普遍的农村土厕所墙壁上刮下来的白色尿碱，简单提纯（水煮）就可以使用，这可是很大的资源，取得也很容易。至于威力更大的洋炸药 TNT，日本鬼子扔下后未爆炸的炸弹里也有，敌人的哑弹里也有。

最后，地雷战之所以能在胶东大地上兴起和发展也是当时的客观条件所决定的。中国的抗日战争是一场全民族的战争，不仅军队要参与，民兵也成为了全民族抗战中的一支重要力量，由于当时民兵武器装备极差，几乎没有什么像样的枪支，而造价低、杀伤力大的地雷当然也就成了民兵打击日军的主要武器。在这种条件下，地雷的研制和大规模应用就成了顺理成章的事。

→ 自制石雷

★★★★★

（27-29岁）

于化虎在带领民兵对抗日本鬼子和伪军的过程中，逐渐发现伪军个个都是贪生怕死之徒，民兵们只要用土枪、大刀与他们拼杀，就能把他们打得落花流水。可是要是日本鬼子就不一样了，民兵们的武器在日本鬼子的洋枪洋炮面前简直就是不堪一击，如果硬碰硬，虽然能杀死敌人，但付出的代价也相当大。所以，他开始思考，怎么样才能把自己的武器弄得更好一点呢，争取用最小的伤亡换取最大的胜利。就在这时，区委参谋杨兆龙给他带来了一个神秘"礼物"——地雷，从此之后，于化虎就和地雷结下了不解之缘。

在这里还要指出一点，地雷战最初并不是起源于海阳县，而是在更远一些的平度县大泽山根据地诞生的。1941年春天，平度县夏邱堡据点的日军一百多人进入大泽山"扫荡"抢粮，民兵们在韭园埋下了三颗配置的地雷，炸死八名日军。同年秋天，日伪军再次陷入联防民兵在高家村西北河滩里布下的地雷阵，死伤五十余人。1942年的夏天，他们再次用自制的地雷杀伤了日伪军十二人。大泽山用地雷阵成功打击日本敌人的经验，很快得到当时胶东地区司令员许世友的认可，并决定在胶东地区展开地雷战。

杨兆龙给于化虎带来的两颗地雷，是当时我们自己的兵工厂制造的铁雷，由于当时经济条件和自然环境的限制，兵工厂制造的铁雷非常有限，也十分宝贵。于化虎也知道这两颗铁雷的重要性，不想白白浪费掉，于是他主动向区委要求去大泽山地区学习当地的埋雷技术。他的要求得到了区委的重视，并从其他几个村里选出民兵代表包括赵守福、孙玉敏等人一起去大泽山学习。到了那里后，于化虎虚心地向当地的民兵学习埋雷技术，虽然他没上过学，认识的字也不多，但他却比别人多了一份韧性，实践一次不行就两次，两次不行就三次，直到准确地掌握埋雷的方法。遇到看不懂的地方就马上问，他随身总是带着个小本子，把学到的东西记在上面，每天晚上拿出来温习一遍。

回到文山后村，于化虎就把自己学到的技术毫无保留地教给其他的民兵。但摆在他面前的另一个实际问题是：技术有了，可地雷却没有多少，要是只靠军区供给，根本没办法满足他们的需要。于化虎认识到他们必须创造新的武器。有一次，他用木头做了一个大炮，但一试放，炮筒就鼓碎了。随后，他又用从敌人那里拣来的两个炮弹壳，装上药向外投，但这东西太危险，有时投不出去，容易伤到自己人。到底怎么办呢？于化虎不论吃饭、睡觉和走路，都在想着这件事。

一天在路上，于化虎忽然听到"轰"的一声，接着还听到"嗖——嗖——"的两声，就像枪弹的声音从他头顶上掠过，于化虎向

△ 制造石雷所用的工具

响处一看，才知道刚才从头顶上飞掠过去的，是一些被炸药"轰"起来的飞石。

"既然炸药可以把石头炸得四分五裂，到处飞行，那为什么不能在石头里装上炸药，让它爆炸去打击敌人呢？"于化虎脑子里老在考虑着这件事。

回村后，他和其他民兵一商议，大家也都说这办法可能行。于是，他们立即拿着锤子和钻子到山上去，在石头上凿上眼，放上炸药，一点火，石头马上就开了花，碎石都像子弹一样，到处飞打，并且劲头很大，大家都高兴地说："太好了，我们文山就是石头多，这下可不愁没雷了。"

有一次，听说敌人来了，于化虎就和民兵们带着几个石雷，放到路口，点上火绳后，他们就跑开了。结果到火绳烧着炸药、石雷爆炸的时候，敌人并没走到，石雷没发挥作用。让火绳自己着，在时间上太没把握，怎么办呢？这天于化虎和民兵们研究了半夜，也没有解决。

晚上，他回到家里的时候，妻子和孩子都已经睡熟了。他没熄灯也没脱衣裳，就那样囫囵个儿躺下来。脑子里老是想着石雷这件事，翻来覆去睡不着。他想起区委会邹主任同他说的一段话："要战胜顽强的敌人，不是一件容易的事，但只要我们多开动脑筋想办法，就一定可以战胜他们！"他又想起在当天的战斗后，村里的群众都自动地把自己家

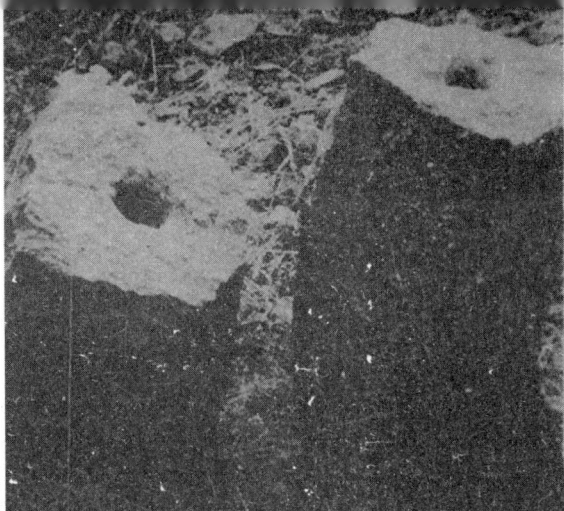

里的碎铜、破铁送给民兵们当弹药。想起这些，于化虎感到浑身是劲儿，从炕上，"呼"的一下爬起来。谁知这猛一起，把豆油灯搧灭了，他又急忙去摸火柴点灯。就在他一划火柴的时候，突然想到：为什么不可以模仿划火的办法，利用拉线将火拉着，让石雷爆炸呢？妻子给孩子还未做完的一双鞋子上有一根麻绳，他便用这根麻绳，拴上火柴，在桌子上来回地试验开了。最后终于根据这个原理，又在区干部们的帮助下，发明了一个"竹雷管子"，把点火雷改成了拉雷。这样人们就可以埋伏在石雷的一边，看敌人什么时间走过来就什么时间拉响它。

这天，敌人又出动了。于化虎和民兵们便把石雷带到路口，他们埋伏在路旁等候着敌人。

可是侥幸的敌人，走到半途改了道儿，石雷又没发挥作用。

事后，于化虎又领导民兵们研究开了。

"咱们不好把石雷埋在地下吗？"一个青年民兵建议说："顶上拉上一道细铁丝，让敌人自己去绊它。这样可以多搞，每个路口都放上，敌人不论从哪儿走也逃不出去！"

大家一听，都认为他说得有道理。于化虎立刻弄来一部分细铁丝，马上就试制起绊雷来。很快，绊雷也试制成功了，但是细铁丝不好找，量也不够用，他们又就地取材，用马尾巴或者是头发丝代替细铁丝，结果效果更好，这两样东西不但韧性更好更细，更不容易被敌人发现。

1943年春节快到了，这天，敌人准备出来抢东西过春节。于化虎得到这个情报后，便率领民兵在村头、路口等敌人必经之地都埋上了石雷。敌人一走进雷区，"轰轰"的石雷到处开了花，把敌人炸得滚的滚、爬的爬，不但未抢到东西，还有十七个鬼子送了命。

石雷爆炸成功后，区委十分重视，马上总结经验，全面推广。于化虎等人并没有因此而满足，他们在此基础上，把铁雷、石雷联合运用，共同制服敌人。1943年6月间，又有一股日伪军出来抢粮食，于化虎得知这个消息后，便领着民兵队员在他们经过的山路上埋下地雷，自己蹲在山上看热闹。不一会儿，"轰轰"两声，地雷炸了，敌人人仰马翻，四处逃窜。恼羞成怒的敌人看到在山上的民兵们，立刻整队向他们进攻。结果，又踩中了很多地雷，一群敌人应声倒下，炸死七人，炸伤四十余名，敌人不敢前进了，连忙撤回老窝里。山上的民兵队员乐得直跳，于化虎冲着逃跑的敌人喊道："喂，吃了我们的铁'西瓜'，怎么不给钱就跑呀！"逗得大家哈哈大笑。

地雷虽然有效地杀伤了敌人，但也有一定的隐患，有一次，为了防止敌人在秋收时过来抢粮食，民兵们就在村口预先埋了地雷。虽然他们在事先已经告诉过村民埋雷的地方，还派人在附近看守，但百密一疏，一天晚上一个回来晚的村民还是不小心踩上了地雷，虽然性命保住了，但双腿却留下了残疾，于化虎非常愧疚，为了不再伤及无辜，他马上命令民兵们在村口埋雷的地方盖上筐，这样一来村民就不会不小心踏上地雷了。不巧的是，第二天，一伙儿伪军化装成帮农民收庄稼的人，带着武器来到了文山后村准备抢东西，在村口他们看到了四处摆放着的筐，一时之间摸不着头脑，带头的伪军长官，一转眼珠，马上明白了，便对后面的人说："大家跟着我，绕着筐走，就一定安全。"他们冲进了村里，等于化虎他们发现时，已经来不及抵抗，只能先把村民们

△ 抗战时期民兵们在埋地雷

转移到安全的地方，眼睁睁地看着他们把粮食抢走。当晚，于化虎召集民兵们商讨办法，他说：

"我们这种把筐盖在地雷上的方法，虽然保护了村民，但太显眼了，今天就是一个教训，我们不能再这样下去了，大家一起想想看到底还有没有什么好办法？"

一个民兵说道："我们可以先把地雷的弦拿下来，然后派人在地雷边上守着，等敌人来了，再把弦挂上，这样就既能保护村民，又能杀敌。"

"这是一个好方法，我们就给他们来个'不见鬼子不挂弦'，我觉得我们还可以故意在一些没雷的地方盖上一些筐，写上'小心地雷'，这样就可以迷惑敌人，然后在没有筐的地方隔几步埋雷，这样一来敌人分不清真假，村民们却可以按照咱们告诉他们的方法避开地雷。"

没过几天，伪军们又来了，还带着一小队日本兵，他们原是想在日本兵面前再表现一次"智过雷阵"，谁知没走几步，就踩到了地雷上，一下炸死了四个伪军，其他的人吓得站在原地不敢动，小鬼子的军官骂道："八嘎。"说完一刀劈向筐，结果触动了筐下的地雷，当场就被炸死了。

➡ 改名化虎

★★★★★

（29 岁）

1943 年 7 月 1 日，为了庆祝党的生日，也为了纪念卢沟桥事变六周年，胶东区在海阳县东城泊西沙河召开了英雄模范大会。大会刚刚结束，许世友司令员就健步走下讲台，朗声问道："谁是于晋生? 于晋生在哪儿?"

随着许司令的喊声，大家开始用眼光互相询问着，这时会场东北角站起了一位面色黝黑的汉子，只见他立正，举手敬礼："报告司令员，我在这儿哪!"

"好你个愣小子，"许世友高兴地说，"干得不坏嘛!"

"差得远啦，消灭的敌人论个数，还不到一个排哩!"说完腼腆地笑了笑。

"哈哈!"许世友挥动着拳头，"同志们，你们听见了吗? 他说他打死的鬼子还不够一个排哩，好大的胃口，好大的气魄! 虎将雄风啊! 你们看，于晋生是不是咱东海的一只虎? 老虎，懂吗? 现在北海出了个林化龙，我看你就改名于化虎，大家看好不好!"

"好!"大家齐声回答。

"好在哪儿呢?"许世友的面色变得严肃、凝重起来："好就好在中国人民是龙、是虎，龙挟雨，虎生风，龙腾虎跃，暴雨狂风! 这就是小鬼子的大灾大难，他们不完蛋? 见鬼!"说着，他那巨大的拳头凌空劈下，像是要把日本侵略者砸成粉末。

从此之后于化虎这个名字，就随着地雷战在整个胶东地区越叫越响，他也真的像许世友司令所说的那样成了一只送敌人上西天的猛虎。

遍地铁"西瓜"

(1943—1944)

→ 活雷化虎

（29—30 岁）

于化虎的地雷越用越活，越用越神。1943 年的秋天，招远县武委特别送来一颗二十五斤重的大地雷，上写"活雷化虎"四个字，正在大伙围着地雷又说又笑的时候，不知怎么弄的，这雷竟然从窗台上骨碌碌地滚了下来。

"哟嗬！这雷真的活了，好兆头！"

"那咱就埋上它呗！"于化虎说着抬起左脚，在鞋底上磕了磕烟灰，不慌不忙地提着地雷，来到村西沙河边。

文山后四面环山，只有村西的黑石硼和障子山的夹缝中有一个出口，从这里通往赵疃，通往行村。于化虎几次在这儿下地雷，回回都不空手。

烧香就能引得鬼子来，巧啦！二十五斤重的大地雷刚刚埋下半个钟头，三百多伪军就打这里过，十一具尸体留下做了买路钱。

为了对付于化虎的地雷，日军组织了地雷探索队，发现地雷就用绑着铁钩的长杆拉，这样地雷就炸不到他们。民兵们布的地雷阵，有好几次都没有起到应有的作用，这不但使于化虎大伤脑筋，也让一些民兵产生了气馁的情绪。区委杨兆龙在察觉到这种情况后，马上召集了全体基干队会议，鼓励大家说："我们面对的是诡计多端、狡猾无比的敌人，几次的失败不能说明什么，只要我们继续坚持，胜利一定会是我们的。"同时他还提醒大家："我们打仗除了要靠勇敢外，还要有智谋，我们要勤动脑，找出敌人的弱点来。"这些话深深地打动了于化虎的心，鼓舞了基干队员们与敌人斗智斗勇的决心。之后，民兵们在于化虎的带领下，重新研究敌人的活动规律，针对敌人的防雷手段，制出更多不同品种的新雷。

有一次，敌人到文山后，发现路上埋着地雷，他们挖得特别仔细，眼看着地雷全部露出来了，起雷的家伙两手抱着往上一提，"轰"的一声地雷响了，连旁边的敌人也没剩下。原来上面的是假雷，雷下边连着弦，弦的一边连着

"子母雷"，一响就是八个。为了对付敌人的"扫雷队"，于化虎便组织民兵四处扒出新土，露出可疑的痕迹，却把真正的地雷埋在没有新土的地方。当敌人不相信新土上有地雷时，他们又在新土旁边插上个草人，上面写着"日本鬼子要完蛋"等标语。敌人看见后气坏了，上前一拔就"轰"的一声，拔一个就炸一个，炸得敌人粉身碎骨。

敌人一计不成，又生一计，他们在怀疑

有地雷的地方用石灰画圈圈，这样一来，左一个圈、右一个圈，有些地方圈连圈，日军出动时，为了躲避圈圈，一个个眼睛瞪得圆圆的，嘴巴张得大大的，脖子伸得长长的，腿抬得高高的，落地放得轻轻的，远远看去，就像是在跳舞的"提线木偶"。于化虎他们则就疑生疑，在日军画圈的地方之外，另外画圈，并在圈与圈之间，埋上雷，结果敌人的"舞蹈"跳得再好也逃不过于化虎的地雷。

为了对付地雷，丧心病狂的日本鬼子竟然想出了用无辜老百姓踏雷的主意。1944年春节后的一天，行村的日军要抢粮食，便从驻地抓来一些老百姓，强迫他们牵着牲口在前边踏雷开路，日伪军畏缩在后面，妄图达到既能保住性命又能抢到粮食的目的。见到这幅情景，民兵们又气又急，为了不伤害群众，只得强压心中的怒火不拉预埋的地雷。敌人见阴谋得逞，洋洋自得。第二天又故伎重演。哪知于化虎他们早就连夜想出了对策，发明了一种长藤雷。等前面的群众走过雷区以后，埋伏在旁边的民兵迅速扯动长线，随着几声巨响，后面的敌人一个个被炸得血肉横飞。

于化虎等民兵很快就又发现了日军探雷器的另一个缺点，那就是他们的探雷器只对金属有反应，他们就将计就计，拿一些破铁、钉子等金属物品浅浅地埋在地下，再在附近埋上真雷。敌人不知所以，拿着个探雷器左扫扫、右扫扫，听到机器"嘀嘀"地叫，就兴奋地以为真的有地雷，连忙用手拨上面的土，结果要不就是被钉子扎了手，要不就是触动了真雷，有一次他们费了九牛二虎之力挖出了一个地雷，打开一看，里面装的不是炸药，是大粪，说了一声"真晦气"就把假雷扔了出去，却砸到真雷上，当场被炸得粉身碎骨。

→ 扫雷"奖赏"

★★★★★

（30岁）

日本兵在多次吃了起雷的苦头后，便不敢轻易起雷了，每到起雷的时候都是你推我我推你，谁也不愿意上前。鬼子长官们见他们的兵不敢起雷，便又规定出一个办法来：谁起回地雷去，就能得到一份重赏，鬼子们的想法是把起回去的地雷再埋在他们据点的附近，防止我们的民兵们夜间上那儿去活动。

"我们不但要勇敢，而且要机智。"于化虎经常把这句话，放在脑子里，他想："能不能想个办法，延迟地雷的爆炸时间，让敌人在起雷的时候不炸，等把雷带回去时再炸呢？"

这天，于化虎从山里干活回来，走到村头，看见一个小炉匠在那儿修理一只白铁桶。于化虎本来就很喜欢学习这些手艺玩意儿，他看着，便走过去了。这时，只见那小炉匠拿着一个小瓶子，向生锈的白铁上倒出一滴黄水来，一会儿，那白铁就燃烧起来了。于化虎便蹲下来，好奇地问道：

"这是什么？"

"盐酸水。"小炉匠说，"这种水可厉害着哩，什么它都能够烧着了！"

于化虎仔细端详了半天，再没言语就走回了家。

这时候，妻子已经把饭摆好了，全家人都在等他吃饭。可是于化虎哪里还顾得上吃饭。他想：若将这种盐酸水弄一些放在地雷内，到一定的时候，再引起燃烧，不就能控制地雷的爆炸时间了吗？

于化虎就是这样一个急脾气，想好了什么，非立即动

051
遍地铁"西瓜"

手干不可。他马上去找来一个底大头尖的小玻璃瓶，又去买来了盐酸水，装在小瓶里，地雷扁放着，小瓶也扁入在地雷内。这样，瓶里的盐酸水流不出来，若把地雷立起来，盐酸水就会从瓶里流出来，那样隔一定时间，它就会引起地雷的自动爆炸。经过试验，果然成功了。于是，于化虎和民兵们又给敌人准备了一份新的"礼物"。

这天，敌人又出来抢粮了，在敌人往回走的路上，于化虎去埋上了这样两个地雷。敌人的"扫雷队"走过来，一下便发现了，他们将地雷轻轻地起出来，就像得了宝贝一样，抱着就窜回据点领奖去了。谁知道"扫雷队"将这两颗大地雷抱到鬼子大队部里，向桌子上一放，鬼子长官刚要接过去看时，"轰轰"两声，两颗地雷一起爆炸了。屋子里的人和家具，全部起了空，鬼子长官和准备领奖的两个"扫雷队"队员，也都一起送了命。

这些日本鬼子怎么都不相信，这些"土八路"竟然能研究出这么高级的地雷，觉得肯定是有"高人"在背后指点他们，于是到处探查，结果当然是一无所获，气急败坏之下，日本鬼子到处贴告示悬赏一万大元捉拿于化虎，结果收到的却是于化虎他们送来的一个个铁"西瓜"。

→ 地雷开花

★★★★★

（30 岁）

　　于化虎的地雷越来越让日本鬼子们头痛，他们决定偷袭文山后村的民兵基干队。但这消息很快就被于化虎得知了，他对大家说："这帮小鬼子来者不善，他们每次来，我们的村里都要遭一次殃，这次决不能让他们占便宜，大家说对不对。"

　　"对，就请他们吃我们自制的铁'西瓜'吧，保证他们吃个够。"

　　于化虎立即组织民兵们真真假假、假假真真地布了许多雷"迎候"他们。敌人按时出动了，他们发现路上埋着地雷，就用铁钩把地雷钩住，然后急忙卧倒用力拉雷。岂不知这是于化虎他们埋设的假雷，而真雷就在敌人卧倒的地方。正当敌人把雷拉出来，得意忘形的时候，真雷却"轰"的一声爆炸了。汉奸队长和他的大洋马，还有四个日本兵一块儿上了天。

鹏化庄村后东北角有一大片菜园，园里种着黄瓜，敌人每次出动都到那里胡乱作践，把黄瓜拿到附近的荫凉地方吃，于化虎得知后又气又恨。他找来一个大砘，凿上眼子，装进炸药，安上管，拉上弦，把砘放在黄瓜地附近的树荫下。第二天，一帮伪军来到这里，又去乘凉摘黄瓜吃时，树荫下的大砘被搬弄响了，随着石块的飞舞，一伪军的头和身子分了家。从那以后，敌人下乡再也不敢轻易糟蹋百姓了。

不久后的又一天，鬼子又出动了。于化虎把一颗大地雷的弦系在通红的包袱上，显得包袱红得更加"喜"眼。然后不慌不忙地将地雷送到文山后村西头靠近大道的一个草垛里。走在鬼子前头的伪军，离那草垛还有两三步就发现了草垛上一块红彤彤的包袱角。

"唉！那里面一定是藏的绸缎或金银财宝，也许……"一个伪军还没说完，便和另一个伪军不要命地奔向草垛抢红包袱。"轰"的一声，两名伪军应声倒下，鬼子连续进村遭到三次雷轰，一时不敢再进文山后村了。

1944年夏的一天，不死心的敌人又来进攻文山后村了，这次敌人来得很突然、很迅速，大队人马穿过赵疃

△ 赵瞳村村民用来碾炸药的石碾，被村民称为"功劳碾"。

村，直抵文山后村，各村都来不及准备。一个伪军的军官甚至夸口说他们不怕地雷，还说这里没有地雷，宣传有地雷不过是虚张声势。这时于化虎正在文山后村，听说鬼子兵来了，抱上地雷，就在要道路口布起了雷阵。当敌人刚入夜壶山时，突然"轰轰"两声巨响，炸得敌兵乱窜。山上的民兵拍着巴掌，带着奚落的口吻说："上来吧！我们这里没有地雷！"敌人气急了，立刻整顿队伍向民兵进攻，走了不过几十步，接连又有三颗地雷炸响，当场炸死七人，炸伤四十人。刚才夸口的敌军官，只得领上队伍抱头鼠窜。可是，他们的后路又被赵疃村的民兵截断，敌人跑到赵疃村南路口，又有两个地雷爆炸，死伤了九人。这天，敌兵伤亡五六十人，剩下的狼狈地逃回据点。

麦收后下了一场大雨。文山后的民兵担心埋在地里的地雷受潮失效，就取出来搬到北山顶上晾晒。行村的敌人趁机对文山后进行了一次偷袭，抢去了一批财物。民兵们气愤难忍，爆炸队长于化虎说："狡猾的小鬼子钻了我们的空子，大家不要灰心，要想个法子治他们！"说来凑巧，第三天下了一场大雨，雨刚停，于化虎便指挥爆炸队员先在路面上布下三角形胶皮连环雷，每组拴上三个大号地雷，路两侧布满了一百多个踩雷、绊雷、夹子雷；为了迷惑敌人，故意在村头留着几个雷坑；知道敌人来要进家抢东西，就在显眼的地方找几户人家把门反扣上，在门里边拴上地雷；菜园里长着土豆，就选择几棵在根部埋上地雷。之后用水把整个雷区喷洒一遍，不留半点痕迹，又把黄泥、粪土均匀地撒在路面，造成到处都埋着雷的假象，给敌人布下了迷魂阵。

中午时分，上次雨后偷袭占了便宜的日伪军又向文山后扑来。他们探头探脑地走进村北头，见到此处埋有"地雷"，便缩回头朝村东头摸去。有个敌兵见一户人家反扣着街门，想进去捞一把，刚一推门，"轰隆"一声被炸飞；几个日本兵跑进菜园里拔土豆，也在巨响中倒下；路当中的连环雷怒吼了，"轰！轰！轰！"连声巨响，炸死炸伤十多名；余下的慌忙向两边躲闪，又踏响了两旁的连环雷。爆炸声接连不断，吓得日伪军魂不附体，除了损兵折将外，什么油水也没捞着。

于化虎在带领民兵们战斗的过程中，始终以一个共产党人的标准严格要求自己。行动上，他凡事都以人民群众的利益为先，每次布雷后，他都派人在附近看着，提醒村民不要靠近，以免炸伤自己人。为了掌握更好的拉弦时机以便最大限度地杀伤敌人，有时候民兵们埋完雷后，就要在附近守着，等敌人出现才拉弦，这样一来，危险性就加大了。往往这种时候，于化虎都一定要坚持守在前线，有好几次，他被爆炸飞来的地雷碎片打中，最严重的一次，一块弹片打中了他的左腿，为了不让同志们担心，他强忍着疼痛笑着说："没事儿，不过是被弹片划了一下，裤子破了个口。不过，回家又得被老婆埋怨了，这才刚给我做的新裤子。"回到家后，他把裤腿卷起来，一大块弹片深深嵌进肉里，隐隐得都能看到骨头了，妻子赵嫚眼泪忍不住流了下来，于化虎赶紧说：

"别哭，没事儿，不过是被'咬'了一下，来，帮我把它拔出来。"

"我不敢，我怕，要不咱们去找大夫吧？"

"找什么大夫呀，也没多大事儿，你一去找人，大家都知道了，该担心了。上次你不是帮我拔过吗？去，把上次用的药拿来，再拿点儿酒和布条。"妻子拗不过他，只好把他要的东西取来。

"来，我数一二三，你就拔，拔完后用酒消毒，再上药就行。"

妻子用两只手抓住弹片的另一头，双手直抖，根本不敢看伤口，于化虎双手轻轻地按着妻子的肩膀安慰说：

"别怕，越抖越用不上劲儿，你就把这弹片当成是地里的大萝卜就成，要不咱晚上就吃萝卜炖肉，我腿上这还有现成的肉，你顺手切点儿，怎么样？"

"都这个时候了，你还开玩笑。"妻子用拳头打了他一下，之后，重新抓起弹片，这次手稳多了，于化虎问道：

"准备好了？"

"嗯。"妻子点点头。

"那我数了，一二三，拔！"妻子用力往外一拔，弹片被拔了出来，妻子立即拿起酒往上倒，酒倒在出血的伤口上，疼得于化虎全身忍不住颤抖，为了不让妻子难过，他用力咬着牙，双手紧紧握着拳头，一声都没哼。妻子绑好纱布后，看到于化虎的脸上一点血色都没有，额头上都是冷汗，就用袖口替他擦汗，边擦边说：

"你打日本鬼子，我支持。可以后别总是什么事都冲在前面，行吗？你也是有老有小的人。"

"我知道你是心疼我，怕我受伤，可这事儿总得有人去干，我是爆炸队长，我不去谁去？再说我埋雷的技术是大家有目共睹的，不敢说是第一，也差不到哪儿去，你说是不？"

"哪有自己夸自己的，羞不羞。"

"小嫚，从我决定参加革命的那天起，就做好了随时牺牲的准备，为了让乡亲们不再受压迫，过上好日子，就是真的牺牲了也对得起父母了。但我答应你，我以后一定小心，争取不再让你在我身上'拔萝卜'。"

妻子被他的话弄得破涕为笑，说："有你这句话，我就够了，不过，这次你可得多休息几天了，可别在像以前似的伤没好就又去工作了。"

"好，在外边我听党的，在家我听你的。"可是这次他也只休息了一天，第三天，就带着伤又和民兵们一起开始了新的战斗。

在思想上，于化虎不断要求进步，抓紧每一分钟学习党的知识，再联系自己的实际情况，不断改进自身不足。有一次区里组织一个政策学习班，文山后村党支部研究后决定派于化虎去参加，于化虎知道后非常高兴地对大家说："我一定不辜负大家的厚望，努力学习。"在课堂上，他认真听八路军代表讲课，对不明白的地方积极和其他同学讨论研究，有一天，老师看到他在本子上涂涂画画的，就问他："你这是在干什么呢？"于化虎不好意思地笑笑，挠了挠头说："我不认识的字太多，就只能用画图来代替，这样我就能看懂了，回去之后，我就可以把这次学到的东西讲给其他同志和乡亲们听，让他们更了解共产党。"老师拿过他的笔记本一看，上面几乎都是图，但每一面都记得非常仔细，老师被他的精神所感动，对他说："我这儿有一本字典，一会儿下课我教你用，这样以后你就可以自己学习认字了。"这成了于化虎参加学习班的另一个收获。从此之后，他更加勤奋地学习党的各项方针政策，自己理解后再用生动的语言讲给乡亲们听，更进一步提高了共产党在乡亲们心中的地位，他还鼓励大家坚定信念，争取最后胜利。1944年，于化虎终于如愿以偿地加入了中国共产党，成了一名光荣的共产党党员。

➡️ 夜捣狼窝

★★★★★

（30 岁）

　　于化虎的铁"西瓜"的威力，使敌人闻风丧胆不敢出来"扫荡"了，特别是住在行村西祠的一部分鬼子，轻易不出来，而且防卫还非常严密；城墙外面满布着铁丝网，城门口白天都是四个鬼子站着岗，别说普通老百姓进不去，就是伪军们，也不能随便从这里走动。为了狠狠地打击敌人，上级指示于化虎他们，既然敌人不出来，就想办法让地雷在敌人的据点内部爆炸，于化虎主动提出执行这一危险任务，同时开始计划如何才能把地雷送入"狼窝"。

　　这两天，于化虎的妻子赵嫂，每当吃

饭的时候，总是静静地坐在饭桌旁，直呆呆地看着于化虎。

于化虎心里纳闷，她这是怎么啦？

"听说你要进行村狼窝？"妻子终于开口了。

"哦，原来是为了这？"于化虎放心了，"是想进去逛逛，顺便会会'老朋友'。"他一边大口吃饭，一边漫不经心地回答。

"会朋友？"赵嫂不解了。

"是该会一会他们啦。过去，不请自来，来了就赖着不走，咱费了多少心思，摆了不少'西瓜宴'。现在可好，他们的脑袋缩进了乌龟壳，死活不露头，几个月不见，怪想的。"

"俺寻思着行村是日本鬼子住的地方，狼群狗伙的，啥坏事都可能出，老是不放心！万一你有个好歹，我们娘几个怎么办呀？"

"你呀"，于化虎放下筷子，神情轻松地说，"我还是那句话，在敌人面前，害怕，是什么事也办不成的。哎，我说个故事给你听好吗？"

赵嫂深情地看着丈夫，点了点头。

于是，于化虎就把自己12岁时独自一人驱退狼群的故事讲给她听。

赵嫂听完故事后长长地吁出一口气。

"你要相信邪不胜正！"于化虎放下饭碗说，"别说几条狼，就是鬼子那子弹、炮弹，见了咱也得躲着走。别怕，我于化虎命性壮，死不了。再一说，人，生而至死，人人如此，只是寿命有长有短，贡献有大有小。有的人死了，他还活着；汉奸走狗们倒是顶着脑袋活着，可实际上已经死了。革命总是要死人的，准备着死，正是为了叫人们好好活着，你说是不是这么个理儿？"

"我呀，说不过你，你一说一大套。我也不拦着你，不过你得答应我一切小心，你要是有个伤痛的，心疼的可是我。"

"放心吧，我一定留着这条命，等着看这帮小鬼子们滚回他们自己的老家去。"

7月的夜晚没有一丝凉意，一层厚厚的云，把天空遮得严丝合缝，远处隐隐传来沉闷的雷声。鬼子据点里的蜡烛、煤油灯鬼火似的闪烁着，加上偶尔传出一两声尖厉的壮胆枪，愈发增添了狼窝周围的阴森和恐怖……

于化虎和东海独立团的一位侦察员带着四个各重二十五斤的大地雷，潜伏在据点的南门外。

"看样子，今天又白等了！"侦察员遗憾地说。

"心急吃不了热豆腐。"于化虎示意耐心地等着。

突然，远处传来一阵奇特的踢踢踏踏的声响。

"你听，什么声音？"于化虎小声说。

侦察员把耳朵贴在地面："好像是马蹄。"

"马蹄?"于化虎神情振奋，也把耳朵贴在地面上听着。"是马蹄，没错！"于化虎心里盘算着："是通信兵，还是大部队的尖兵? 是不是从青岛来的?"

噗噗噗！声音越来越近，一会儿，朦胧中四匹大洋马自西而来，又急转弯朝据点大门驰去。

哗啦啦，据点的大门拉开了。

"搞什么鬼? 马蹄子好像包着棉花哩！"侦察员小声嘟囔着。

"伙计，有道道，马蹄子包棉花为的是声音小，干偷鸡摸狗的勾当怕暴露，说不准后头有人。"

正说着，远处又传来刷刷的脚步声。

△ 海阳地雷战中使用的地雷

"你听，"于化虎说，"皮鞋也包着东西哪！伙计，有福不用忙，没福急断肠，我想跟着鬼子的队伍进炮楼！"

　　"不行，太危险了！"侦察员说。

　　"咳，三天三夜，苦等苦熬，好不容易盼来这么个好机会，过了这个村就没有这个店了！"

　　"我也去！"

　　"不行，多一个人，多一个目标，你就是外面等着接应我。"

　　于化虎脱掉小白褂、长裤子，就势在路旁的烂泥塘里一滚，变成个泥人儿。然后，两条裤腿各装进一个大地雷，套在脖子上，剩下的两颗提在手里，腰里系上一条绳子，上面挂着一把刺刀、一把铁钳。准备停当，他跟侦察员说："伙计，你就在那边听着，要是一声雷响，那就是俺革命成功啦，少说也得炸死他十几个，你回去给报个信儿。听不到雷声，你就在这儿等着，说定了，不见不散！"

　　说话间，鬼子的大队人马已经过去了大半截，于化虎赤着脚丫子，身负百斤重载，轻如利箭离弦，无声无息地跟在鬼子的队尾。

　　快到大门口了，于化虎担心地斜着眼，借着微弱的烛光，瞧到了门口的哨兵。

　　哨兵像一截拴马桩，挺着肚子直勾勾地戳在大门旁。

他压根儿就没想到土八路会如此胆大包天，敢跟在鬼子后头从自己的鼻子底下走进据点。总而言之，于化虎顺顺当当地进了大门。

六年前的春天，于化虎曾被鬼子抓来修炮楼。那年月，小鬼子凶焰万丈，一个个横眉怒目，吆五喝六："八格，快快的干，慢了死了死了的！"

当时于化虎虽然没有"死了死了的"，但也着实挨了不少枪托子。那时，他就多了几个心眼，记住了炮楼里的地形地物和军事设施。

"立定！"随着一声嗥叫，鬼子们一个个站得笔直。趁着这工夫，于化虎闪身钻进了厕所。

厕所斜对过，鬼子的伙房里灯火通明，烟雾腾腾，他身在厕所，却闻到了一股煎炸的香味，肚子里咕噜噜地叫了起来。哦！也该有点什么填填肚皮了。可惜，除了地雷，两手空空。他提着地雷，钻进了厕所尽头的大便间。

在乡里人看，这厕所修得好不阔气，一拉溜十几个大便间，外面有门，门内有插销。于化虎进去后，马上插上插销，手里扯着一根地雷弦，他做好了鱼死网破的准备。

鬼子队伍解散了，呼呼啦啦朝厕所涌进来，大便间的小木门哗啦咔嚓一连声地响起来。

有人朝于化虎的隐蔽处拉门了，里面传出"吭吭"的声音。另一个鬼子又来了, 里面又传出"吭吭"的声音。

又过了一段时间, 整个据点都进入了梦乡, 鼾声此起彼伏。

于化虎蹑手蹑脚, 神不知鬼不觉地朝操场走来。一边走一边在心里想："狗娘养的, 看我怎么收拾你们这一群吃人的疯狗吧!"

他朝前走了十几步, 在操场跑道上侧卧下来, 拔出刺刀, 轻轻地掘着地面, 不到半个小时, 就埋好了一组子母连环雷。在这伸手不见五指的夜间, 他那娴熟的技术、利落的动作, 完全可以与当代第一流的魔术师相媲美。

当初修据点围墙的时候, 为了战斗的方便, 围墙内侧每隔几十米都有一堆黄土, 上面用青石砌成台阶。于化虎拾阶而上, 攀上了墙头, 把绳子绑在墙垛上, 然后身轻如燕, 一滑到底。接着, 又剪断了三道铁丝网, 悄悄地回到了侦察员身边, 这时已经鸡叫两遍了。

乌云慢慢散尽, 东方射出霞光, 整个天空像蓝缎子一般明洁, 远山近水, 顿觉碧绿如翠, 几只不知名的小鸟, 在高空, 在丛林,尽情地欢叫，使天地间充满了生机，流溢着活力。

大概7点半钟，鬼子们开始集合出操了。

"轰！""轰！"操场上那滚滚黑烟,遮住了半个天空……

于化虎开心地笑了！他拉着侦察员说："鬼子们酒足饭饱了，走，咱们也该找个地方填填肚皮！"

两天后，行村传出了三条新闻：

青岛秘密派来三百名日军，行动目的待查。此次地雷爆炸，当场炸死日军33人，炸伤百余人。

爆炸事件发生后，鬼子主客之间，唇枪舌剑，大打出手。青岛日军硬说行村日军里出了内奸，不然，日军当晚到怎么清晨就挨炸，土八路断无如此神通。

直到有人从围墙上取回了绳子，发现了被剪断的铁丝网，一场"狗咬狗"的争斗，才暂告平息。

为了进一步摧毁敌人的信心，于化虎又同赵守福商量，确定下一次行动的目标。赵守福提议可以去"登记所"放雷，赵守福说的"登记所"是日本人所设立的检查站，专门负责检查进城的百姓有无"良民证"，所长叫王麻子，是个彻头彻尾的汉奸，平日里对百姓作威作福，想要进城办事的百姓都必须孝敬他点儿钱，没钱的也要留下点儿东西，要不然他就叫手下人把人带回"登记所"关起来，直到被关的人家里来保释才放人，所谓的保释也就是给他送东西，大家背地里都叫他"王扒皮"。可别看他对中国人这么狠，看到小日本时却马上换了副嘴脸，一脸的谄媚，腰弯下九十度，恨不得把头碰到地上。

赵守福对于化虎说："既然'王扒皮'这么喜欢别人给他送礼，这次咱们就给他送份大礼，让他一辈子都记得。于大哥，上次是你去的'狼窝'，这次就让我去这个走狗的'狗窝'看看吧。"

"好，一切小心。"接着于化虎又和赵守福详细地研究了行动计划。

几天后，赵守福在于化虎等人的掩护下，带上四颗地雷来到了行村据点墙边。他先在东南角碉堡下的门口和围门下各埋下一颗，然后撬开"登记所"的木棂窗，在屋内挂了一个开门雷，再把一颗大地雷放在"登记所"头目的办公室桌旁的废纸筐里。第二天一早，敌人开围门时就开门炸雷。所长王麻子吓得逃到"登记所"，在推门时被地雷炸死。等收尸的日本人进来时，又再次把废纸筐里的大地雷引爆，收尸的人也全都被炸死了，此次偷袭，有十多个敌人在自己的据点内被炸死。

这之后，于化虎等人又多次送雷上门，炸得敌人住不安稳、吃不安稳，连睡觉都得先查查看床上有没有地雷，真的是"谈雷色变"。

→ 巧捉奸细

★ ★ ★ ★ ★

（30岁）

　　于化虎的地雷实在是太让日本鬼子头疼，他们想尽一切办法，可就是捉不到人。此时驻守行村的敌首龟田真是恨他恨得牙痒痒，他心生一计，命人悄悄召来一个汉奸，在他耳边如此这般，哼呀哈伊地向他交代了老半天。

　　这一天，文山后的大街上，来了个卖药的先生，在当街碾盘上，铺下一块白布，摆上瓶瓶罐罐，五颜六色，稀奇古怪，倒是十分的好看。山里人没见过大的世面，一会儿的工夫，就围了个里三层外三层。卖药人先清嗓子后拱手，吐字嘎嘣烂脆，行腔抑扬顿挫："在下姓张名祖邦，世代行医，祖传秘方。我这自治的丸、散、膏、丹，能治五十年的筋骨疼，六十年的痨病喘，七十年的胃口凉，八十年的脚鸡眼。老太太吃了我的药，返老还童变青年；大姑娘吃了我的药，花容月貌赛天仙；买卖人吃了我的药，金银财宝摞成山；学生吃了我的药，一进考场就中状元……快买，快买呀！"

"你先生的药神啦，啊？"一个青年揶揄着，"看你瘦得浑身剔不下四两肉，何不也来一点儿祖传秘方，变得富态一点儿呢？"

"你……"卖药人一时语塞，面部的皮肉抽搐了两下。

"哈哈哈！"围观的人哄然大笑起来。

此时站在外围的于化虎挤进人群里，只见这卖药的五十上下年纪，捧槌鼻子刀条子脸，透明的眼皮底下，藏着一对老鼠眼，那贼亮的眼珠子，滴溜乱转地直瞅人。两片薄薄的嘴唇之间夹着一根香烟，透过空隙，可以看到闪闪发亮的金牙。于化虎心想，这小子不地道，这些日子，龟田一面发布缉拿我的布告，活的死的都要，一面四下里派人，摸我的行踪，说不定他就是来干这买卖的。

于化虎笑眯眯地对卖药先生说："卖瓜的不说瓜苦，卖药的不说药毒，你这药……"

卖药人赶忙接过话茬："我这药百用百灵，老弟，你

O71
遍地铁"西瓜"

有什么病，说给俺听听，给你一剂药，灵，你给俺传传名；不灵，俺今生今世也不来文山后，如何？"

"俺看你这药十有八九灵不了，说不准里头有歪门邪道呢！"于化虎慢悠悠地指着一捆不知名的草药说，"我看这种草就叫'良民草'，吃了它会骨软筋酥，专给鬼子效劳；这种散叫'亲日散'，吃了它会认贼作父，敌我不分，你道是也不是？"

做贼者必心虚，听于化虎旁敲侧击这么一说，卖药人自以为露了馅儿，由不得嘴角、眼角、鼻翘儿都悚然收紧，额头上也沁出了一层细碎的汗珠子。于化虎看在眼里，嘴角上流露出一丝冷笑，心里有数了。

卖药人回过神儿来，一把抓住于化虎的胸襟，正色道："在下世代行医，讲的是救死扶伤，妙手回春，照你这么说，我岂不成了婊子养的汉奸走狗了吗？"

"说句笑话嘛，何必当真呢？"于化虎把嘴贴在卖药人的耳朵上小声说："实话告诉你，我是受人之托，前来向你求药的。"

"谁？"卖药的人急问。

"于队长。"

"就是那个大名鼎鼎的于化虎？"

"然也。"于化虎俏皮地转了个词儿。

"他得的是什么病？"

"急火攻心，饮食不进，四肢瘫软，难以走动。"

"他要什么药？"

"火药！"

"火药？"卖药人惊得大张着嘴巴，"我哪儿来的火药？"

"咳！"于化虎喘了一口粗气说，"你想啊，人是铁，饭是钢，石雷没药怎么开张，他正为这事犯愁呢。你先生走南闯北，见多识广，三教九流，多有交结，弄一点儿火药还不是手到擒来。有了这玩意儿，于队长就药到病除了，到时候，石雷一响，他是不会亏待你的。"

卖药人的眼珠子滴溜溜转了几个圈儿，神情激昂，话语铿锵："好吧，国家兴亡，匹夫有责。为了抗日救国，我就是豁上这吃饭的'壳篓'，也要给于队长弄到火药，请转告于队长，两天后，在家里等我。"

"韩信用兵，多多益善。"于化虎意在戏弄。

"尽力而为，决不食言！"卖药人喜形

于色。

卖药人马上收拾好东西，回到了行村日军据点向龟田汇报，听了卖药人的报告后，第二天一大早，亲率两百余众，像一阵邪恶的旋风，搅动着团团烟尘，朝文山后扑来。

马蹄撞击着碎石，爆出团团火花。利令智昏的龟田，春风得意，飘飘欲仙：于化虎山穷水尽了，好啊，我给你送火药来了！

"老虎嘴"尖兵班的伪军们一声惊叫，噔噔噔，朝后倒退了十几米，队伍受阻了。

龟田的刺马针朝马肚子一戳，战马四蹄腾空，飞一般窜到了"老虎嘴"。这"老虎嘴"是风不动，林不摇，鸟不叫，水不流，静得落片树叶都能听到。

"老虎嘴"的厉害，龟田早有耳闻。但是，作为日军的一个头目，他必须临危不乱，何况，情报说得清楚，于化虎连火药都没有了，哪里来的地雷？于是，他大叫一声，催动坐骑，在"老虎嘴"里里外外转了三个圈子。

"前进！"尖兵班欢腾雀跃，朝"老虎嘴"冲了进去。

龟田的嘴角上漾起了胜利的微笑。

过了"老虎嘴"，就看见文山后，龟田双手擎着望远镜，从左到右，依次观察着。

村子里炊烟袅袅，一切宁静，侧耳细听，声声牛叫，声声鸡啼。"哈哈哈!"龟田狂笑了一声,刷!锃亮的战刀朝前一指:"文山后的前进!"

一个鬼子官儿,跨着大洋马,带着两个勤务兵,嗷嗷叫着率先往村里冲,当他飞马到达村西头的一座高坎的时候,"轰!"大洋马一声惨叫,神话般地跃上了两米半高的土台子,那半拉血淋淋的马屁股飞出了半里路,那个鬼子官儿和两个勤务兵,一头栽在沙滩上,手拉着手命归黄泉了。

村南头有个臭水湾,湾东岸有一条小路,小路旁有一堵石墙,十几个鬼子打从旁边过,于化虎的拉雷一声怒吼,七个鬼子落进了臭水沟。

红了眼珠子的龟田,驱赶着人马从四面八方闯进了村。这一来,处处地雷响,遍地都开花,开门炸,揭锅炸,提水桶炸,只要是敌人碰得到的地方,都是一触就炸。

踏雷、绊雷、挂雷、子母连环雷、飞行雷,无一不在大显神威!这是压在每一颗心脏里仇恨的火焰不可遏止地喷发呀!

这是一出多么扣人心弦的系列剧,剧的导演者正是于化虎。卖药人的上钩,"老虎嘴"的平静,村子里的炊烟、鸡啼,无一不运用得恰到好处。其实,村子里早已户户空舍,处处设防。那袅袅炊烟,无非是几口锅底下燃着的草木;鸡啼,正是脚上捆着雷弦,绑在竹篮子里的几只公鸡的杰作。

失魂落魄的龟田，一口气逃回了行村。据说，当他冲进据点大院的时候，面孔涨紫，牙关紧闭，目光呆滞，全身僵直。

这次战斗，送命的敌伪军不多不少，整整一个排。

→ 声东击西

★★★★★

（30 岁）

1944 年 9 月，为了准备过冬的粮食，日军又开始蠢蠢欲动，但由于前一段时间的几次战斗都被于化虎等人的地雷阵打得铩羽而归，他们也开始动起了鬼心思，准备来一次"反攻"。一天，于化虎得到侦察人员的消息说敌人要来文山后村抢粮食，就立即组织民兵们在各个主要路口埋下地雷，并带领民兵们在附近埋伏，可等了半天，才来了二三十个伪军，而且这些伪军走到村口前就停下了，一个个探头探脑的，就是不往前走。初时，于化虎以为，他们是害怕踩上地雷而不敢往前走，可过了半个钟头，那些伪军还是没有前进的意思，他觉得事情有点儿不对头，正准备派人去查看的时候，突然听见远处传来爆炸和打枪的声音，而村口前的伪军听到声音后就像收到指示一样，开始转身往回跑。于化虎立即对埋伏的民兵说："派一个人去看看，是哪里传来的爆炸声？其余的人跟我冲，先把这些个'狗腿子'们收拾了，不能让他们想来就来，想走就走。"说完就带头冲向了撤退的伪军，伪军们没想到于化虎等人会追来，连忙边打边跑，逃得十分狼狈。这时派去打听消息的人来到于化虎身边报告说：

"于队长，不好了，隔壁的赵疃村被鬼子袭击了，由于事前没有得到消息，村里的粮食都被小鬼子抢走了，正放火烧村呢！"

"这帮小日本鬼子，这是给咱们玩的'声东击西'呀。"

于化虎猜对了，日军故意放出攻打文山后的消息并派出伪军做饵，而他们却从山上绕过去攻打了毫无准备的赵疃村，这一招得手后，他们十分得意，把抢回去的粮食都放在了行村据点的粮仓里，并开始策划下一次的行动。

此时的于化虎正带领着民兵队给赵疃村送粮食，他找

◁ 赵守福

到了赵守福，对他说：

"老弟，这些粮食不多，你先分给大家应应急，咱先把眼前这几天对付过去。"

"这帮小日本，真是太鬼了，我得到消息说他们要去你们那儿抢东西，我这儿就没放那么多的地雷，正准备派人给你送去一些呢，这帮小鬼子就来了，打了我们个措手不及，粮食都被抢走了不说，你看！"说着用手指了指周围，很多房子都被烧得东倒西歪，"抢不走的就一把火烧了，太不是东西了。"

"老弟，这次确实是咱们太大意了，打了几次胜仗就放松了警惕。不过，咱们不能就这么认输，你说是吧？"

"那当然，这笔账我们一定得讨回来，

不能让他们白白得了便宜。虎子哥，你是不是有什么好主意了？"

"既然他们会用'声东击西'，那咱们也给他来了'以其人之道还治其人之身'，在山东的地盘上和咱玩'三十六计'，他们也太小看咱们这些'兵圣'的后人了！"说完就和赵守福一起商量起详细的行动办法，一直到晚上他们把行动的步骤都商量好了之后，于化虎对赵守福说：

"老弟，这次的事除了我们的疏忽大意外，我觉得还有另一个更重要的原因，就是我们一直都是'单打独斗'，虽然也常常给彼此搭把手，但毕竟还不是一个整体，我觉得咱们应该组织一个更大范围的联合，做到'村村相连，一村有难，村村帮忙'，你说呢？"

"虎子哥，你说得太有道理了，咱们可以联合小滩村的孙玉敏，还有其他的几个村一起成立民兵抗日联防。"

"好，这件事我们从长计议。现在，最重要的就是把敌人抢走的粮食夺回来。明天咱们就按商量好的办法，开始行动。我先回去准备准备。"

第二天一早，于化虎就带着几个民兵化装进了行村。日军把粮食抢回去后放在粮仓里怕发霉，所以常让老百姓到粮仓里帮着晒粮食。于化虎就利用这个机会，把地雷装在独轮车里和翻粮食用的工具一起带进了粮库，他一边装作翻粮食，一边寻找机会埋地雷，其他的民兵就给他打掩护，故意把粮食弄撒了，吸引日军的注意力，于化虎趁机把两个地雷埋在了粮库的后门，把拉弦挂到门栅栏上。到了晚上，于化虎带领早就混进行村的民兵队来到粮库后门附近，看到只用几个日本兵在门口放哨，民兵队里有一个人飞标用得非常好，于化虎就让他用飞标射中挂在门栅栏上的地雷弦，两个地雷瞬间就爆炸了，粮库后门被炸出了一个大豁口，放哨的日本兵也被炸飞了。于化虎迅速带领民兵队冲进粮库，因为白天他们已经摸清了粮库地形，现在就如入无人之境一般，其他的守军先是被突如其来的爆炸弄得晕头转向，等发现有人夺粮食，拿起枪要反抗时，却陷入了于化虎他们刚埋好的地雷阵里，"轰！轰！轰！"爆炸声不绝于耳。

　　行村据点里的日军被逼得进不得退不得，只好打电话请求相距不远的西村据点派日军前来支援。西村的援兵要想到行村，从赵疃村旁边的山路走是最快的，不过就算他们想走别的路也没办法，因为这也是于化虎和赵守福的计策之一，他们此次行动的目的除了要夺回被日军抢去的粮食之外，另一个目的就是要消灭更多的日军。他们猜到如果行村据点的日军受到攻击，一定会请求西村据点的日军前去支援，所以他们早在去行村的路口上埋了地雷，把日军逼得只能走赵疃村旁的这条山路。果然不出所料，西村的日军走了这条小山路，他们以为这是一条"安全"的捷径，却不知道他们早就已经走进了于化虎等人为他们准备好的"地雷宴"，各样各式的地雷和埋伏在两边的民兵把这只前去支援的日军打得落花流水，只能抱着头往回跑，恨不得能多长出两条腿好捡条小命。行村据点里的日军迟迟等不来救援，只能眼睁睁看着于化虎他们把粮食夺回去。

于化虎把夺回的粮食返回给了赵疃村和其他各村的村民，同时他开始着手联系孙玉敏、赵守福、赵同伦等文山后村附近的几个村庄的民兵队负责人。不久后他在文山后村的关帝庙组织了一次小型的会议，主要的目的就是想商讨成立一个民兵联防。在开会前，大家都想听听他讲这次巧计夺粮食、杀日军的事，他就给大家详细地讲了一遍，讲完后他说：

"这次的战斗，一方面是我们事前的计划比较周详，另一方面我们是抓住了敌人刚刚取得胜利，骄傲自满的机会，所以取得了决定性的胜利。但之前，我们中了敌人的'声东击西'的诡计，从中也显露出了一个问题，就是我们的联合性、整体配合性不好，往往被敌人钻了空子，这次我组织大家召开这个会议，就是希望我们大家能成立一个统一的民兵联防。"

小滩村的孙玉敏听了之后，马上答道："于队长，你的想法真是太好了，以前我们都是自己村埋自己村的地雷战，或是在临近的村庄受到敌人攻击时去帮忙，这样也只能对付一小部分的鬼子。如果我们村连村，地雷阵连着地雷阵，让小鬼子出了这个村，就进了那个地雷阵。这样一来，哪个村有了事，其他的村也都可以迅速地反应，派人来帮忙，让鬼子走进更大的'地雷阵'出不去。所以我坚决同意于队长的提议。"

说话的孙玉敏当时只是一个 18 岁的姑娘，但大家不要看她年纪小，她埋雷的技术可不简单，她正是电影《地雷战》里玉兰的原型人物。

孙玉敏，1926 年出生在海阳县行村镇小滩村，16 岁参加村妇救会工作。这年夏天，驻扎在行村的鬼子突然包围了小滩村，挨门逐户地搜查登记。这时，村里正住着五位县上的地下党员，情况十分危急，唯一的办法就是穿过重围捎信给附近的八路军来解救他们。然而，村头密布着敌人的岗哨，有谁敢去冒险呢？在这紧要关头，孙玉敏挺身而出。"你的哪里去？"孙玉敏走到村口时，被恶狠狠的日本兵拦住盘问。"俺家没吃的，上山去挖野菜。"孙玉敏十分镇定地回答。"你的小孩，为什么的不开会？""皇军不让俺去，嫌俺小……"孙玉敏终于骗过了狡猾的敌人，把信送给了八路军。由于她天生聪慧、胆大心细，很快就成为一名威震敌胆的"女爆炸大王"。1948 年 8 月，在胶东英雄大会上被评为"胶东女民兵英雄"。1949 年，被选为全国妇女代表大会代表。1950 年，出席全国战斗英雄代表大会，荣获"全国民兵英雄"称号。

于化虎、孙玉敏、赵守福等人经过研究，并报区委同意后成立了民兵联防队，这支联防队在今后的地雷战中发挥了重大的作用。

由于日军连遭打击，兵力损伤很大。为了苟延残喘，便将其外围的日伪军全部集中在行村据点内，并强迫周围的

群众往里面送给养。于化虎、赵守福等民兵就深入到东山、鹏化庄、南泊子等村,发动群众掐断敌人的供给,并组织他们建立武装,学习埋雷技术。据点里的敌人坐吃山空,只好用汽车从青岛往这边运输。于化虎就带领民兵在敌人汽车经过的青威公路上埋下丁子雷,炸毁了跑在前面的一辆汽车,其余三辆汽车慌忙掉头逃走。民兵们一拥而上,从车上卸下许多大米、白面,全部上缴了区委会。

敌人陆路运粮失败,又改从海上运粮。轮船开到何家村以南,那儿没有码头,船靠不上岸,日军便叫伪军下水扛粮。于化虎、赵守福等通过调查,摸清了敌人下水扛粮的往返路线,便提前把水雷埋在敌人往返的路上,等敌人扛着粮食靠近岸边时,水下的连环雷一齐爆炸，敌人大批倒毙在水中，民兵们趁机把粮食抢走了。以后敌人改用飞机运粮，但狼多肉少，根本满足不了需要。因而只能向"西寺"日军那边丢。但飞机飞得太低要挨打，飞得太高又投得不准，投了三次东西，结果只丢进"西寺"一包罐头，其余的全掉在围墙外边，倒成了民兵们的慰劳品。就这样，不管敌人从陆地、海上，还是空中都无法向据点运送粮食，敌人的封锁变成了自己封锁自己。

→ 支援外地

★★★★★

（30岁）

1944年10月，行村的鬼子在八路军和于化虎等民兵们的重重封锁围困下，寸步难行，陷入了人民战争的汪洋大海，最

遍地铁"西瓜"

后，只得在青岛驻军的接应下夹着尾巴逃走了，于化虎的家乡解放了。

于化虎看到家乡人民不再受日本侵略者的蹂躏，心里别提有多高兴了，兴奋得好几天睡不着。但兴奋过后的他马上又想到了另一件事，就是如何把地雷战传播得更远，让其他的地区也能利用地雷有效杀敌。这天，他把民兵队的成员找到一起开会。会上他说：

"各位同志，今天我们聚在一起，首先要庆祝我们取得的胜利，在我们坚持不懈的努力下，行村据点的日军不战而逃，我们的地雷战取得了非常出色的成绩。但我们不能骄傲自满，现在全国上下都在一致抗日，有很多地区的人民群众还陷在水深火热之中，身为一名共产党员，我认为我们不能只想着自己的家乡，而不管其他地方群众的疾苦，大家说是不是？"

大家听了他的话都不住地点头，说："队长说得有道理，党不是一直教育我们，天下穷苦百姓是一家人，既然是一家人哪有过两样日子的说法。"

"所以，我有一个想法，我想向党组织申请，派我们去那些还被鬼子蹂躏的地方，帮助那里的劳苦大众，让他们也能像我们一样做自己的主人，你们说怎么样？"

"同意，我们都听队长的。"

"那好，我明天就去区委向党组织汇报我们的想法。"

　　第二天，于化虎和民兵代表一起来到区委，他对党组织负责人说了他们的想法，希望党组织把他们调到兄弟县去，把他们积累的埋雷本领教给阶级兄弟们，并协助他们一起消灭敌人。上级听了他们的汇报后，非常重视，经研究后决定派于化虎、赵守福、赵同伦等人组成一支"远征爆炸队"到蓬莱、黄县一带的烟潍线上帮助那里的人民战争。临行前，于化虎又一次召集民兵们对他们说："同志们，这次我们去烟潍，一定不会辜负大家的希望，一定会让咱海阳的铁'西瓜'在那儿生根，让小日本知道咱中国人民的厉害。同时，我希望留下来的同志，也不要放松警惕，不要以为敌人现在撤出了海阳，我们的斗争就胜利了，我们应该认识到只要小日本还在中国的土地上一天，我们就要坚持战斗一天，直到把他们这些'不请自来的人'送回'老家'。"

　　于化虎等人到了蓬莱后，马上就投入到

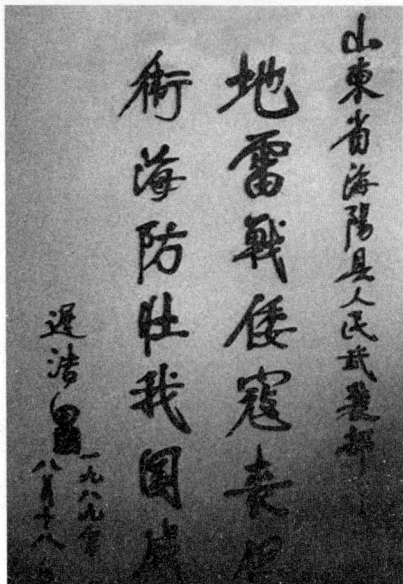

了当地的战斗中，他们首先开办爆炸训练班，从当地挑选聪明、伶俐的青年人参加爆炸班，传授他们埋地雷的本领。"活雷化虎"的威名早就随着地雷战传到了当地，在爆炸训练班开课的第一天，很多人都慕名前来，就是希望能看一看这个传说中的"爆炸大王"，于化虎看到这么多人来听他讲授埋雷本领，除了高兴也感觉到了自己的责任之重，他对来的人说："各位无产阶级的兄弟们，今天我们来到这里，就是想把我们用地雷对付敌人的经验和大家分享，让地雷在整个胶东大地处处开花。"说起地雷战，于化虎更是来了精神，他说道："我们的民兵队伍越来越壮大，而我们的兵工厂条件有限，如果只是靠上级组织给我们发的武器是远远不够的，我们必须自己动手造武器，而地雷是一种最简单、最容易上手的武器，只要大家肯用心学，很快就能掌握它的制造和运用方法，让日本人知道他们眼里的'土八路'是'大大'的厉害的。"他的话得到了大家的热烈掌声。这之后，于化虎就开始给他们讲解地雷的原理及制造方法，尤其是他们自制的石雷、自燃雷、发丝雷等等。

于化虎在传授技术的时候非常耐心细致，虽然他识的字不多，但还是自己动手写了一本小册子，上面详细地介绍了各种地雷的使用方法及注意事项，除此之外他更注意实践。此时正值北方的冬季，土地都被冻得硬邦邦的，在野外站上一会儿手脚就都被冻得麻木了，可他毫不在意，为了尽快教会学员们埋地雷，早日发挥铁"西瓜"的威力，每次都是第一个到，手把手地教每一个学员。有一天，下了一夜的大雪，第二天，天刚蒙蒙亮，于化虎就拿着工具来到每天训练的地方，先用扫帚扫出一片空地，再用铁锹把地刨开。冷风夹着小雪花吹到脸上、手上，就像刀子刮在脸上一样生疼，手指露在外面一会儿就被冻得僵硬了，他就往袖子里一插暖和一会儿，等学员们陆续来的时候，于化虎已经把各项准备工作都做好了，学员们看着他被冻得通红的双手，心里涌起阵阵暖意，他们对这位"老师"

更加敬佩了，学习的热情也更加高涨了，在他的培训下，蓬莱一带很多人都掌握了埋雷的技术。

蓬莱县城里有一支敌伪军的突击队，共 32 人，他们依仗着日军提供的先进武器横行乡里，每次行动抢粮食不说，还放火烧房子、抢女人，无恶不作，附近的村民敢怒不敢言。于化虎知道后，就对学员们说：

"同志们，我们学习埋雷也有一段时间了，现在该检验一下成绩了，蓬莱县的伪军就是我们要对付的第一个目标，我们给他们送几个铁'西瓜'算是见面礼，大家说好不好？"

"好，这帮狗腿子，就会帮着日本人欺负我们中国人，我们早就想教训他们一下了，只是没有像样的武器。几次伏击都失败了，这次我们一定要让他们尝尝咱们的厉害。"

接下来的几天，他每天带着民兵来到城外侦察，终于摸清了敌人的活动规律。于化虎发现他们大都是早上 8 点出城，刚出动时列队行进，行到三五里路后就分散活动，针对这种情况，于化虎他们决定把雷埋在离城较近的大道上，趁敌人队伍不散时，集中消灭他们。同时，埋设一部分梅花雷，准备炸逃窜的敌人。一天夜里，在民兵的掩护下，于化虎带领几个学员，首先把地雷和爆炸器材运到预定地点。随后，依次埋设了 28 个地雷。天亮时，一切准备

△ 于化虎

就绪，于化虎让其他的同志先撤，自己留下守雷。他装着拾草的样子，在雷区不远的地方来回走动，一面告诉过路的群众注意安全，一面注意观察动静。8点多钟，伪军们又照例出来抢劫，可刚从城门出来没几步，就踏响了地雷，"轰！轰！"地雷声不绝于耳，伪军在自己的家门口被炸得飞上了天，死伤29人。此后很长一段时间，伪军都不敢轻易出城门，生怕再踏上地雷送了小命。这个胜利的消息，像长了翅膀一样飞快地传遍了蓬莱各地，鼓舞了当地群众的抗日热情，更进一步促进了他们使用地雷的积极性，地雷战在蓬莱迅速发展起来。

蓬莱附近有一条铁路线，是烟潍一带的铁路要道，每天都有日军的火车从这里开过，给各地据点运输生活及军用物资。于化虎就带领当地的民兵们在铁路线附近埋好地雷用长绳拉着弦，等火车过来时就拦绳引爆地雷，火车被炸翻了，车上的物资散落满地，民兵们迅速把这些物资装上早就准备好的车上，运回村里发给村民，他笑着说："乡亲们，别不好意思，这些都是小日本给咱们的路费，他们总从咱的地方过，不能白过是不是。"日军得到消息后，一边改为公路运输，一边马上派人修铁轨，不等他们修好，于化虎等人在这边就又炸上了，弄得敌人焦头烂额，顾东顾不了西。这一招，不只给当地日军很大打击，同时铁路运输长时间无法恢复，使据点的日军物资得不到补给，日军战斗力大大削弱。

于化虎看到蓬莱等地的地雷战已取得一定成绩，学员们埋雷的经验也日益丰富，就带领"远征爆炸队"来到黄县，在那里继续开展他的"爆炸教学"。于化虎除了教学之外，还善于在最危急的情况下冷静思考，正确果断地判断情况，转败为胜。

有一天晚上，于化虎正给黄县爆炸训练班的一百二十多名学员讲述地雷的理论知识，突然听见外面急促的敲门声，他连忙打开门，是县里侦察队的老徐，只见老徐气喘吁吁地说：

"快，大家快撤，敌人得到消息，知道你们在这里办班传授技术，正朝这里杀过来呢。"

"敌人是怎么知道的，咱们的保密工作不是一直做得不错吗？"

"你还记得二狗子吗？"

于化虎愣了一下，摇摇头。老徐说道："就是前几天被你开除出了学员班的那个人。"经他提醒于化虎想起了这个人，"怎么回事？"

"他叫黄阿祥，小名二狗子，平时在村里就游手好闲、不务正业，这次看你们办了这么个爆炸班，觉得参加这个班很有面子，也想利用这个机会捞点好处。前几天，他趁着大家实践埋雷时，偷着藏了一个地雷，第二天，他跑到附近的鱼塘去炸鱼，还差点儿伤着路人。你就按规定把他开除了，谁想这小子心里一直怨着你，觉得你太不给他面子，就跑到敌人那里通风报信，说你在这里开班培训，小日本正愁找不到你的行踪，这不，一听就马上派兵来了，你带领学员们先走，我们留下来对付他们。"

"不行！"于化虎说道，"他们是冲着我来的，我怎么能扔下乡亲们自己走，要走大家一起走。老徐，你对这里地形熟，有没有什么方法能避开敌军突围的？"

"我得到的消息是四百多人从三面包围进攻，现在只剩下唯一的一条通向县城的小路了，可现在去县城会不会太危险了？"

"没事儿，咱们不一定要去县城，先冲出去我就有办法了。这样，你带着一部分民兵护送乡亲们先走，我们领着几个人殿后。"说完他就带领学员在村子的主路上埋了几颗地雷，做烟雾。这样敌人一旦踩上地雷后，心里产生恐惧就会走得分外小心，从而拖延时间。这个小计策果然成功了，攻进村里的先头部队被地雷炸了之后，后面的部队就胆战心惊，每走一步都如履薄冰，于化虎等人就利用这个机会顺利突围。突围后，于化虎估计敌人发现上当了，一定会从这条小路追过来，就使了个"回马枪"。他选出六十多名比较优秀的学员，五分钟内就在突围的小路上埋下了八十个地雷。天亮后，小路上的爆炸声震天响，浓烟飘到了几里之外，鬼子没捉到人反而损失惨重。经此一役，"活雷化虎"的威名更加响亮了，越来越多的人加入到了地雷战的行列中。

于化虎在蓬莱、黄县的几个月里，培养了一千多名爆炸手，其中出现了二十多名爆炸模范，使整个胶东地区的地雷战广泛开展起来。

最后的胜利

（1945）

→ 民兵英雄

（31 岁）

时间在战争中飞快而过，转眼 1945 年到来了，随着"农村包围城市"以及根据地建设的日趋成熟，斗争的形势发生了根本的逆转，日本帝国主义侵略者在中国的势力已经日趋瓦解。这一局面的形成离不开像于化虎这样的民兵，而这些民兵和他们生活的根据地成了革命胜利不可缺少的重要部分。

1937 年 7 月 7 日卢沟桥事变，抗日战争全面爆发。在中华民族处于生死存亡的紧急关头，中国共产党于 7 月 8 日向全国发表了抗战宣言，要求全国人民用全力援助神圣的抗日自卫战争。7 月 23 日，毛泽东在《反对日本进攻的方针、办法和前途》一文中指出："武装民众实行自卫，并配合军队作战……民力和军力相结合，将给日本帝国主义以致命的打击。"8月，我党召开了洛川会议，通过了著名的《抗日救国十大纲领》，提出了全面抗战的正确路线，号召全国人民动员起来，武装起来，参加抗战。1938年，毛泽东在《论持久战》中强调指出："兵民是胜利之本"，"战争的伟力之最深厚的根源，存在于民众之中，日本敢于欺负我们，主要的原因在于中国民众的无组织状态。克服了这一缺点，就把日本侵略者置于我们数万万站起来的人民面前，它像一匹野牛冲入火阵，我们一声唤也要把它吓一大跳，这匹野牛就非烧死不可"。"民族战争不依靠人民大众，毫无疑义将不能取得胜利。"在党中央和毛泽东动员群众、武装群众、依靠群众进行人民战争的正确路线指引下，从陕甘宁到晋察冀，从晋绥到晋冀鲁豫，从山东到华中、华南，各抗日根据地纷纷建立了人民自卫军和民兵组织。开始，各地民兵称谓不尽相同，有的叫自卫军、"青抗先"，有的叫游击队、模范队，还有的叫做基干队、后备军等。最早正式称民兵的，是晋察冀的北岳区，以后各根据地逐步统一规范了称谓和分类，统称民兵和自卫队。同抗日战争三个阶段相一致，民兵和自卫队的发展也大体经历了三个阶段：1937年至1940年，我军由三万人发展到五十万人，民兵和自卫队发展到五百万人，抗日根据地人口达到一亿；1941年至1942年，在抗日战争最困难的阶段，我军减少到三十万人，民兵和自卫队减少到两百万人左右，根据地人口也减少到了五千万人以下；1943年到1945年，抗日战争进入了反攻阶段，我军发展到了九十一万余人，民兵和自卫军发展到了一千二百二十万人，全国十九个解放区面积达九十五万平方公里，人口达到九千五百五十万人。在抗日战争中，中国共产党始终把民兵建设和武装全体人民作为战胜日本侵略者的重要条件。各根据地党组织和军队的各级领导都十分重视民兵建设，把民兵看成是主力军的左膀右臂，当成是基层政权的坚强支撑。他们认为，民兵不但可以源源不断地为主力部队输送兵员，而且可以担负繁重的战场勤务；不仅可以协助和配合主力部队作战，而且可以独当一面单独作战；不仅在军事上起着主力军的后盾作用，而且在政治上起着维护后方稳定、巩固抗日政权的柱石作用，同时在经济建设上起着生力军和突击队的作用。民兵的这些作用，不单是一时的，而且是长期的；不单是一个地区一条战线的，而且是整个区域和各条战线的；不单是平时的，而且是战时的。正是基于这样的认识高度，各级党委和党政军领导同志，始终把民兵建设作为关系抗战成败的重大战略措施来抓，当做坚持敌后抗战的重大军事任务来完成，从而使民兵组织成为战胜日本侵略者的一支伟大战略力量。据不完全统计，在八年抗战中，民兵共作战二十九万六千余次，歼敌十万六千余人，缴获大量武器装备和军用物资，为抗日战争的胜利作出了不可磨灭的贡献。

根据地、人民群众、民兵、八路军的关系，就像一个宝塔，根据地是宝塔的基部，是支撑塔体的根本所在，而塔的第一级台阶是根据地的人民群众，他们共同托起了矗立不倒的宝塔。人民群众中的一部分，是塔的中端，他们是民兵组织和各级地方武装如独立团等，他们最靠近人民群众，是人民群众的利益遭遇风雨时的抵御者。再往上，是从各级地方部队选出来的精华，也就是主力部队，他们要承担保护地方武装和人民群众共同利益的任务。再往上是作为我党代表的军区与党委负责人，他们的任务是领导各级武装和党组织保卫群众的利益。而无论是军队还是党，接受的都是根据地的哺育，接受的都是人民的支持。没有了根据地的支持，没有了人民的支持，所有的军事行动都将一事无成；而没有了我党领导武装力量进行军事行动予以支持，人民的生命财产也就受到了严重损失，他们相辅相成，共同构成了一个整体。

胶东作为一块重要的根据地，为了进一步传达党的"缩

△ 图为胶东军区第一届战斗英雄大会当选民兵英雄。前左起刘太东、刘亭山、栾中孔、赵守福；后左起王永双、王寿亭、于化虎、纪常胜。

小包围圈"，继续深入开展游击战，积小胜为大胜，彻底粉碎敌人"以战养战"的计划的方针政策，也为了鼓励各条战线上涌现出的抗战英雄，1945年胶东地区党组织决定召开一次表彰大会，在会上于化虎、赵守福、孙玉敏等人被授予"爆炸大王"、"胶东民兵英雄"等称号。时任胶东区司令员的许世友在会上发表讲话，把这几年我党在抗日方面取得的成绩和目前日本侵略者的处境向到会的各位同志进行了简短的介绍，他说："同志们，今天我们聚集在这里，一方面是为了表彰我们在斗争中取得的成绩，另一方面是为了传达党中央对抗日战争的新方针"，"同志们，我们要团结一心，紧紧围绕在党中央身边，争取最后的胜利"，于化虎看着胸前的红花，听着许司令的讲话，心情无比激动，更加坚定了斗争的决心。

但黎明之前往往是最黑暗的时候，疯狗在临死前总是要拼命挣扎的，此时的日军便是如此。当时世界反法西斯战争已处于胜利前夜，德日意法西斯濒临灭亡，中国共产党领导的敌后战场已开始了局部反攻。日本侵略者受到内外夹击，为了维持在中国军队的基本生活，日军开始疯狂的"杀光、抢光、烧光"的"三光"政策。1945年3月，聚集在青岛的日军开始向海阳各地进犯，做最后的反扑，海阳各地的人民群众又陷入水深火热之中。党组织根据局势需要，决定调于化虎等人回到海阳，用他们擅长的地雷阵配合正规部队对付敌人，彻底消灭日军。于化虎在得到命令的当天就立即动身返回家乡，几天后当他踏上这片他热爱的土地时，到处都是日军烧杀抢夺后的一片狼藉，于化虎恨得咬牙切齿，对着同行的人说："我们决不能再让这帮小鬼子在我们的土地上为所欲为了，这一次，我们一定要把他们赶回老家去，永远都不敢再回来。"到了文山后村，他连家门都没进，就直接到村党支部报到，马上投入到地雷战的斗争中去了。

→ 救婴报捷

（31岁）

这一年的春天，驻青岛日军又突袭了"海莱边区"的盆子山区。这天清晨，村妇孙言竹刚生下孩子不久，村头突然响起凄厉的枪声和地雷被踏响的爆炸声。

"鬼子来了！赶快撤到北山！"民兵们大声喊着，帮助老弱撤走。孙言竹听到民兵的喊声，支撑起虚弱的身子跌跌撞撞地奔向北山。

"天哪！我的孩子，我的孩子呢？"孙言竹在北山上看着村子陷入一片火海，这才想起丢掉了孩子。为了救出孙言竹的孩子，民兵于振兴和年逾六旬的赵锡匠下山，不幸被日军捉住押着去踏雷。

鬼子的兽行令于化虎义愤填膺，他冲动地抓起一根柴棍折成了两截，走到孙言竹面前说："孙嫂，你放心，只要有我于化虎，孩子就有救。"

夜半时分，于化虎带着几个队员围着村子观察敌情，他们摸清了敌人的岗哨规律，一个救孩子的战斗计划在他脑中形成了。

第二天夜半，于化虎带领民兵下山，干净利落地摸掉了伪军岗哨。民兵们全部换上了敌伪军服。此时已是凌晨1点15分，离日军放流动哨的时间只有45分钟。

于化虎下令："一排在村头放哨；二、三排进村设雷；四排掩护。我带两个民兵找孙嫂的孩子，听到猫头鹰叫三声，立即撤离。"

部署完毕，于化虎直插村北孙言竹家。屋子里黑洞洞的，布置好警戒，于化虎先到西间，摸了半天，炕上没有孩子，于是他转身进了东间，发现炕沿上露着八只脚。原来，这里躺着四个伪军。于化虎灵机一动，大模大样地喊道："别给我挺尸啦，起来站岗去！"

"别乱拉茶壶盖儿，老子现在升褓爹了，看孩子呢。"一名伪军不满地应道。

"孩子在哪儿？"于化虎有些急促。

"这儿搂着呢，太君有令，明天就要拿她去活捉于化虎。"伪军全然没有发现丝毫异样。

"太君要我来看孩子是死是活,给我!"于化虎凑近了。伪军睡意正浓,斜着身子把孩子递过去,倒头又打起呼噜来。

于化虎把耳朵贴在孩子鼻子上,一听孩子呼吸均匀,睡得正香。他解开衣襟,把孩子贴在胸脯上捆扎停当,划根火柴看表,时间是1点50分。

"起来!我就是于化虎。"

"啊!"四个伪军睡意顿消,触电一般刷地爬起来,哆哆嗦嗦直喊饶命。于化虎发出轻蔑的一笑,押着伪军发出了撤离的信号,随即,放哨的、设雷的民兵一个不少地陆续回到集结地。

"同志们,给鬼子几颗手榴弹,该送他们回老家了!"于化虎说完轻轻拍着怀里的孩子,大踏步朝北山走去,这一战,又消灭了几十个日伪军。

⊕ 艰苦奋战

（31 岁）

　　履次受到攻击的日军，已处于崩溃的边缘，越来越疯狂，他们纠集三千多兵力卷土重来，进行报复性"扫荡"，他们走到哪里，哪里便是腥风血雨。为了保护老百姓的生命和财产安全，党组织决定暂时将群众转移到安全地带，于化虎等民兵则留下来继续同敌人战斗。刚开始于化虎领着民兵在村子里住，但有一次，敌人趁夜来偷袭，幸亏他们早有准备才安全撤退，这之后，他们索性在山上搭棚子住。

　　在转移群众之前，区委的同志曾经给于化虎他们送来了一部分粮食，对他说：

"于队长，这些粮食是大伙儿的一点心意，你收下吧。"

"不行，前一段时间小鬼子们又抢又烧的，乡亲们的粮食也不多了，而且你们还要走一段路才能到安全地带，这又老又小的，多带点儿吃的总是错不了。我们这都是些青壮年，少吃一口两口的没事。"

"这是乡亲们自发捐出来的，你还是拿着吧，大家都希望你们留着体力对付敌人，早日把他们打败了，再说这也没多少。"

"你代表我们谢谢父老乡亲，他们的好意我们心领了，但这粮食还是不能收。不过我可以答应你们，一定早日把这帮小日本送回老家，让乡亲们可以早日回到自己的家园。"

"那好吧，你们留下一半，其他的我拿回去。"

"真的不用了，这满山都是野果、野菜的，饿不着我们。"

区委同志好说歹说，于化虎只好留下了三分之一的粮食，临走前区委同志对他说：

"于队长，要是还有什么困难就派人去找我们，我们一定全力配合。"

"好，我希望我去找你们那天，就是去接乡亲们回家的那天。"

区委留下来的粮食本来就没有多少，很快就被于化虎他们吃完了，他们只好到山上挖野菜来充饥。四月的天气已经开始渐渐暖和起来了，但早晚的山上还是很冷的，于化虎他们住在搭的棚子里，为了不让敌人发现又不能盖太厚的草，一到晚上，四处透风，盖两张被子也经常被冻醒。有一次，白天下了一场小雨，等于化虎他们回到住处时，发现床上的被子都被雨水打湿了，没办法，他们只好几个人挤在一起对付着睡。虽然条件很艰苦，但却没有一个人退缩，反而斗争的热情更高了。

于化虎作为民兵队长更是凡事起带头作用，有吃的都先给其他的民兵们，自己总是最后一个才吃。妻子知道他每天要到处去埋雷、挖野菜，山上又到处都是石头，怕他的鞋子坏得快，就在临走前又给他做了两双，让他换着穿。有一天，于化虎看到一个年轻的民兵赤着脚在山上走，一问才知道他的鞋子底漏了，家里人走得匆忙，他没来得及去取新鞋子。于化虎一听二话没说，就把妻子给他新做的鞋子拿出来让他穿，小民兵不好意思穿，说："这可不行，队长，这是嫂子给你做的，我咋能穿呢？""有什么不能穿的，鞋子做好就是要穿的，你穿我穿不都一样吗，快穿上吧，要是把脚磨坏了耽误了工作就不好了。"小民兵穿上新鞋子后发现有点儿大，说："队长，这鞋子有点儿大，要不你留着吧，我再想办法。"于化虎低头一看说："没事儿，我有办法。"说着他蹲下身子，从旁边的草丛里拽下几根草拧成两根草绳，用草绳把鞋子绑到脚上，"这不就行了，又跟脚又防滑的。"小民兵腼腆地笑了："谢谢队长。""谢什么，多杀几个敌人就行了，快去值勤吧。"

日军一次次的行动都失败了，他们闯进空无一人的村庄和房屋，找不到一点儿粮食还常常被埋在里面的地雷炸得非死即伤，只能气得"哇、哇"乱叫，为了解气他们放火烧屋，只要是能烧的，他们一样也不留，于化虎等人有时在山上看见他们烧东西，真是气得想马上冲上去和他们拼个死活，可他知道那样只能中了敌人的圈套，无谓的损失自己的力量，不过他们也没闲着，常利用敌人放火的时候，偷偷潜到他们的后面，在他们出村的路口埋上地雷，敌人万万想不到他们会再回来埋雷，以为进来时已经把地雷炸完了，所以放心大胆地往村外走，结果可想而知，又有很多人把小命留在了这里。

不久之后，在一次行动的时候，于化虎为了掩护另一个民兵，脚被石头划了个大口子，虽然简单地处理过，但由于没有药，也没有好好休息，伤口发炎了，人也有点发烧，民兵们决定派人用担架把他送到后方医院去治疗，可于化虎说什么也不同意，他说：

"大家都在这里坚持战斗，我怎么能一个人先撤呢。"

"队长，你的脚上有伤，不能再耽误了，万一要是更严重了，怎么办？"

"这点儿小伤，算什么，也值得你们大惊小怪的。我以前比这严重的伤还有呢，没事儿。而且真要去后方医院，你们还得派人护送我，一来一去的耽误时间不说，万一敌人来偷袭，那就麻烦了。"

"可你的伤口已经发炎了，咱们这里也没什么吃的了，再这样下去我们担心你的身体吃不消。"

"我知道你们担心我的身体，没关系，咱们这些人都是穷苦出身的，我小时候给地主放牛，什么苦都吃过，放心我挺得住。"说着他拍了拍身边同志的肩膀，"再说，要去后方的医院就得从小鬼子的地盘上过，危险性更大，还是留在这里安全些。"于化虎说的也是实情，同志们只好听他的话，让他继续留在民兵队。为了给他补充一些营养，两个同志冒险进入县城里弄来了二斤地瓜干。

"队长，你看这是什么？"说着把地瓜干拿了出来。

于化虎一看是地瓜干，忙说："你们从哪儿弄来的这个？"

"是我和小王去县城里弄的，一会儿我们给你煮点儿吃。"

于化虎听完后，眼睛一热，泪水在眼眶里打转，说："谢谢你们，不过，以后可不能这样了，现在县城里的小鬼子们都红了眼，到处抓人，要是发现了你们的身份，那就糟了。

咱不能为了这点儿地瓜干把命送了,知道吗?"

"知道了,保证以后不会了。"说完就跑到一边把地瓜煮了一些,端过来给他吃。于化虎看到其他的人都在吃野菜,怎么也咽不下这些地瓜干,他走到一个年纪不大的小民兵身边,把碗里的地瓜往他的碗里倒了一些,小民兵连忙站起来说:

"队长,这可不行,这是我们专门给你准备的,你的身体不好,要吃点有营养的,我不饿。"说着就要往回倒,于化虎伸手拦住他,看了一眼大家说道:"同志们,咱们现在是一家人,既然可以有苦同当,当然更应该有吃同享。要让我看着你们吃野菜,我吃地瓜,我真的做不到。来,咱们把这地瓜放到野菜里,做成地瓜野菜粥,大家一起吃。"听了他的话,所有的人都感动得流下了眼泪。

→ 驱逐日军

★ ★ ★ ★ ★

（31 岁）

虽然环境艰苦，可是丝毫没有影响于化虎等民兵们的斗争意志。尤其是区委几次派人前来慰问他们，使他们深深地感受到了党和人民群众的关怀，更增强了他们胜利的信心。

1945 年 5 月初的一天，海阳县赵疃村的民兵得知四百多名日伪军要来侵犯，于化虎和赵守福立即集合民兵作好紧急战斗准备，并布下两个雷阵。中午，敌人扑来了，可他们刚踏进树林，地雷就怒吼起来，没炸死的鬼子连忙趴在地上，不敢抬头。隐蔽在村口的民兵趁势对准鬼子就是一阵好打，然后向村内转移诱

111

最后的胜利

敌上钩。不大一会儿，村头的夹子雷、连环雷一齐开了花，五六个敌人应声倒下，其余的连滚带爬，四散逃命，慌乱中又踏响了几个地雷，刹那间，硝烟滚滚，尸横遍地，剩下几个丧魂落魄地趴在地上连口大气也不敢喘。一个骑马的日本军官像输红了眼的赌棍，"哇啦哇啦"地狂叫几声，抽出洋刀，逼着日伪军向村里追赶。民兵们进村后马上分片儿挂好雷弦，故意在一百米远的地方暴露一下目标，敌方军官一见人影拍马就追，刚到牌坊下边，一声巨响，特大的箱子雷正好在马肚子下开了花，大洋马和日军军官倒毙在血泊中，另外三四个日军也一块儿上了西天。事后，民兵把马肉分送给邻村的民兵，他们一边吃马肉一边说："马肉又香又鲜！今后我们也要炸儿匹东洋马吃吃！"

日军损失惨重，又变了花招。每天一早，他们不敢进村，却偷偷爬上附近的盆子山，修工事，筑碉堡。民兵们就在晚上爬上山，在草木、乱石和敌人的工具中间设好绊雷，又在鬼子修理工具的席棚里，埋了一个十五六斤的大雷。第二天，鬼子又上了山，一拿工具，地雷响了，炸得鬼子四处乱窜，而地雷也炸得更欢，几十个鬼子转眼间横尸山顶，剩下的鬼子慌忙躲进席棚，这时一声巨响，烟火笼罩了盆子山，三十多个鬼子一下子飞上了天。

于化虎、赵守福之前曾经组成了小范围的民兵联防，效果很好。此时为了更有效地打击日伪军，在县、区武委会的领导下，他们将整个海阳县村与村结成了联防，形成无数道防线。"五虎村"实行联防以后，这个队打一阵转出去，另一队接火继续打，不给敌人喘息的机会，最后四面合围，把敌人扫了个落花流水。有一次行村的日军到小纪一带"扫荡"，赵嶂、文山后和瑞宇联合行动，村村布下地雷阵，敌人返回时全部炸响了。1945 年 5 月 19 日上午，一小股日伪军耀武扬威地闯进"五虎村"。"五虎村"的联防队员堵住山头，敌人刚刚爬到半山腰，民兵纪云纲埋的两颗夹子雷便"轰轰"两声开了花，四五个日军丧了命。日伪军从上午 10 点到下午 3 点，走了还不足五里路，踏响地雷二十多颗。5 月 26 日上午，盘踞在索格庄的日伪军遭到我主力部队强袭之后，分三路向南逃窜。于化虎带领文山后村民兵立即在敌人必经的路口预埋了二十多颗地雷。下午 3 时许，从西北汪格庄过来两百多个伪军，刚到文山后村西，就一连踏响了三颗地雷，死的躺在地上挺尸，活的吓得不敢动弹。不一会儿，二百多个日军从瑞宇窜来。他们拿出"武士道"精神，气势汹汹地朝村里闯去，哪知刚到村西北角就踏响了一颗地雷。他们不肯罢休，硬着头皮继续往村里钻，很快进了雷区，顿时响声四起，震天动地，吓得敌人六神无主，朝着空中放了几枪，便翻山越岭逃窜了。接下来的八天，孙家添、介里、文山后、赵幢四个村，爆炸地雷一百零三颗，炸死炸伤日伪军两百三十余名。

日伪军在多次挨炸后，自以为聪明地总结出了一些经验：走小路，不走大路；走水路，不走旱路。开始时这倒是使鬼子减少了挨炸的机会，但我们的民兵比他们更聪明，很快就想出了各种对付的方法。小鬼子不走大路，他们就在山路和小路上埋雷；小滩村南有一条河，是日军到莱阳穴坊庄据点的必经之地，为了避地雷，便在水中走，孙玉敏就带领民兵孙春旭、孙藻训做了九颗水雷，瞅准敌人将到时，迅速将地雷埋在河中，日军涉水过河，九颗水雷全部爆炸。

这年6月一天上午，民兵瞭望哨发现夼儿村的鬼子集中了大约一个营的兵力，正朝文山后扑来。于化虎立即召集民兵布置战斗，他说："过去我们都是一小口一小口地啃敌人，现在敌人来了一个营，我们要把他们挤进河套的地雷区，让地雷阵一口把这个营吃掉。只有这样才能打掉敌人的嚣张气焰，把敌人赶跑。一排长你带几个人去通知八路军部队，把我们的计划告诉他们，再把他们带到河套附近埋伏；二排长你带几个人去村口埋几个雷做诱饵，其他的人和我一起埋伏在路的两边把敌人引进河套，马上行动。"大家按照于化虎的安排立刻行动起来，很快敌人的部队就到了，于化虎带领事先埋伏好的民兵用土枪土炮在路上阻击敌人，故意一边打一边退。敌人发现是被一些"土八路"攻击，便紧追不舍，不一会儿，民兵们便把敌人诱进了河套的地雷区。"轰！轰！……"地雷开了花，炸得敌人团团转，赶快扭头向西南的芝麻山上跑，哪料到我军主力十六团早就埋伏在这里，一阵枪炮就把鬼子顶了回来；鬼子回头又向北往爷胡山爬，又挨了独立营的一顿狠揍；被打得晕头转向的鬼子打算往东北逃窜，再次被埋伏在文山西的民兵们打回来。当这群短命鬼第二次被挤进河套的时候，铁"西瓜"接连不断地在脚下开了花。这时，上有枪炮打，下有地雷炸，满山遍野一片喊杀声，敌人被打得狼狈不堪。这一仗，日伪军被八路军部队和民兵们俘虏了三十多人，打死和炸死七十多人。这一次，鬼子是真的被地雷阵和八路军打得吓破了胆，据被鬼子抓去而又逃出来的农民说，鬼子们很惊慌，说："文山后的土八路大大的厉害。"

在盆子山区人民开展反"扫荡"的一百零五天中，海阳民兵共配合部队埋雷两千五百多颗，炸死炸杀日伪军两百多人。

1945 年 8 月 15 日，日本无条件投降，持续八年的抗日战争获得了胜利。听到这个消息时于化虎正在区里开会，当他从广播中听到日本天皇宣布无条件投降的消息时，高兴地蹦了起来，连会都没来得及开完，他就从同事那里借了辆自行车，立刻飞奔回文山后，他要马上把这个好消息告诉给乡亲们听。到了村口，他敲响了召集大家用的钟，听到声音的乡亲们都立刻集合到了村口，于化虎激动地对着大家说：

"乡亲们，告诉大家一个好消息，小日本投降了，我们胜利了，我们胜利了。"

"真的吗？是真的吗？"乡亲一时之间都无法相信这个好消息。

"是真的，我刚才去区里开会，从电匣子里听到的，那个小日本的什么天皇亲自说的，他们输了，要投降了。我们真的把他们赶回老家了。"

"太好了！"乡亲们发出了阵阵的欢呼声。

年轻一点儿的就把于化虎团团围住对他说：

"于队长，给我们详细讲讲吧，那个电匣子还说什么了。"

"其实呀，那个小日本的头头说的日语我是一句也没听懂，不过八路军的领导给我们翻译了。"接着他就把听到的情况详细讲给了大家听。那一天，整个文山后村到处都充满着欢声笑语，尤其是于化虎更是高兴得合不上嘴，妻子笑他说："瞧你笑的那个样，跟个孩子似的。""那是当然了，我们和小日本打了这么多年，盼的不就是今天吗？现在愿望成真了，以后咱们就有好日子过了，当然要高兴。"

全新的征程

(1946—2004)

→ 化虎之营

（32—35 岁）

　　此时的于化虎并没有意识到他把一切想得太简单了，日本虽然投降了，可他所想要的那种广大人民群众当家做主的日子暂时还是无法实现的。这一切都和国民党对日政策的不断变化分不开，从1931年九·一八事变开始，日本便开始了侵华的历史，不甘做亡国奴的人们同日本侵略者展开了不屈不挠的斗争。当时，掌握中国政权的国民党政府坚持"攘外必先安内"的不抵抗政策，对日本只是一味地退让，把解决中日争端的希望寄托在国际社会的干预上，而不是动员全国民众积极抗日，致使大片国土沦丧。

1936 年 12 月 12 日，心系民族存亡的张学良和杨虎城在多次劝蒋未果的情况下，"兵谏"捉蒋发动西安事变。此后，在周恩来等共产党人的调停下，蒋介石开始接受抗日民族统一战线，促进了国共第二次合作的建立。应该承认，在战略防御阶段，国民党正面战场广大官兵不怕牺牲，英勇杀敌，创造了无数可歌可泣的爱国主义事迹，为粉碎日本帝国主义三个月内灭亡中国的侵略计划，尽了最大的努力，作出了重大贡献；且使日军兵力分散，战线延长，为战略相持阶段的到来，起了重要的作用。同时，它客观上也为我八路军、新四军等抗日武装挺进敌后、开辟抗日根据地创造了条件。可以想见，如果没有国民党战士和广大爱国官兵与日军英勇作战，中国大好河山就可能会很快全部被敌占领。但当抗战进入相持阶段后，日本改变了侵华方针，对国民党以政治诱降为主，军事进攻为辅，使国民党内发生变化，亲日派的汪精卫集团公开投敌，成为日本帝国主义侵略中国的工具和帮凶；亲英美派的蒋介石集团发生动摇，由抗日转向反共。1941 年 1 月，国民党军第三战区调集七个多师八万余人的兵力，发动围歼新四军军部的皖南事变，掀起第二次反共高潮。尤其是抗日战争后期，共产党在广大人民群众中的威信越来越高，力量也越来越强，国民党觉得这对他们来说是非常不利的，反共行动也就越来越频繁，因此，在抗战结束前，我党的领导人就清醒地意识到，抗日战争的结束并不代表中国人民的解放斗争就结束了，只有彻底地推翻代表资产阶级利益的国民党政府才能真正建立一个民主的国家。所以，在抗日战争结束后，以毛泽东为领导的中国共产党并没有放松斗争的意识，他们一方面积极地同以蒋介石为代表的国民党谈判，希望以和平的方式来建立一个统一民主的共和国，另一方面也作好武装夺取政权的准备。而此时的蒋介石迫于国际形势，表面同意同共产党的代表谈判，暗地里却调动军队，不断地占领广大的革命根据地，为自己扩张地盘，很多地方经常出现国共两党同时派人接管日占区的情况，国民党的这种做法很快就被我党的领导人所识破，强烈要求蒋介石停止这种挑衅行为，但面对到手的肥肉，蒋介石怎么可能放手，他撕下了伪善的面具，谈判破裂了，国共两党进入了人民解放战争时期。

以上的这些对于化虎来说，是他在参加革命最初没有想到的，在他看来只要把小日本赶出中国，乡亲们就能过上好日子了，但摆在眼前的事实是国民党军队在接管日占区后，不但没有善待老百姓，反而变本加厉地剥削，刚过上几天舒心日子的乡亲们又陷入了苦难的生活。于化虎很快就认识到革命还没有真正成功，他们还必须和国民党反动派继续斗争。

1946年春，海阳县武装部抽调三个民兵连，组成县子弟兵团，于化虎被任命为第一营营长，率领子弟兵到即墨、崂山一带配合当地政府开辟新的解放区。

崂山地势险要，是个易守难攻的地方，国民党军队看中这一点，在那里建立一个驻军点，这个驻军点三面都是陡崖峭壁，很难攻入，只有一个入口还被国民党驻军严密封锁。那里的驻军依仗着这个天然优势，经常白天去附近的村子抢东西，晚上回到驻点吃喝玩乐，不但如此，他们还抓来很多老百姓当做人质，这样八路军就不敢硬攻，怕伤及无辜。于化虎到崂山后，当地的八路军早就听说过于化虎"爆炸大王"的威名，他们真心希望于化虎的地雷能够帮他们解决这个大问题。于化虎在经过一段时间的观察后，决定采用"送雷上门"的老方法。过了几天，驻军点的国民党部队得到消息说共产党有一批物资要从崂山经过，他们认为这是块大"肥肉"，就马上派出六百多人前去拦截，这正好中了于化虎他们的计策，这个消息就是他们派人放出去的，目的就是要把驻点的大部分人调出去。而于化虎则趁着这个工夫带领民兵营伏击了驻军点，剩下的驻军很快就投了降，于化虎一边派人护送老百姓撤出驻点，一边带领其他的民兵在驻点里埋地雷，为了让敌人上钩，他们换上国民党的军服，站在门口放哨。傍晚，出去抢劫的人一无所获地回来了，一个个蔫儿着个脑袋，根本就没发现门口的哨兵不一样了，很快就踏中了地雷，"轰！轰！"的声音在山谷里不断回响，整个队伍顿时乱成了一锅粥，于化虎等人趁着敌人自顾不暇偷偷地撤出了驻点，当撤走的时候，又给敌人留了几个铁"西瓜"。

从青岛到即墨的公路线是国民党军队的重要交通线，于化虎带领他的第一营转战在这条交通线的周围，今天在这儿炸一下，明天在那儿炸一下，弄得敌人防不胜防，各种物资更是常常进了于化虎他们的口袋里。

在埋雷炸敌人的同时，于化虎还带领民兵们为主力军运送弹药，有一次他们从国民党那里截获了一批武器弹药，想要送给前线的军队，但他们必须要经过即墨的敌军检查站才能把弹药送出去。这么多的弹药怎样才能安全地通过检查站呢，这下可难住了于化虎等人。这天，于化虎正和其他的同志在屋里商量办法，隐约听到门外有哭声，开门一看原来是有人在出殡，看到他们抬着的棺材，于化虎突然心生一计，他对大家说：

"我有办法了，我们可以把武器装在棺材里，装成出殡的样子，那些检查的人怕晦气，一定不会仔细检查的，大家说怎么样？"

"这倒是个好办法，不过最近的那些国民党军队好几次被我们偷袭成功，已经开始加强了戒备，万一要是他们硬要查那怎么办？"

　　"不怕，我有办法对付这帮胆小鬼。到时大家就看我的眼色行动，千万不要慌张。"

　　说干就干，他们马上就买来了一口新棺材，经过简单改装把武器弹药装在下层，上面用其他的东西盖上。第二天，他们化装成出殡队伍，抬着棺材一路来到了检查站前，果然检查的人一看是出殡的队伍，草草检查了一下就准备放行，可不巧正好有一个当官的在，他看了看于化虎他们，觉得一口棺材要八个人抬好像有点问题，就非要他们把棺材打开看一眼，于化虎赶快上前一步，拿出一些钱塞进他手里，对他说："老总，跟你实话实说吧，不是我不想打开让你看，是这里面死的人得的是肺痨，要赶快下葬，要不会传染的。我们要不是看在钱的份儿上，也不干这活呀，唉。"长官一听是肺痨，吓得赶快捂住鼻子还往后退了几步，挥挥手说："快走，快走。"于化虎冲大家一使眼色，其他人赶快抬起棺材就走了，他们就这样安全无事地通过了检查站，把这批武器送到了前线的军队手中，加强了他们的斗争力量。

→ 雷乡英雄

★★★★★

（35—90 岁）

经过三年的斗争，共产党在广大人民群众的支持下，获得了胜利。1949 年 10 月 1 日中华人民共和国成立了，穷苦大众真正地开始当家做主了，于化虎的心愿终于实现了，后来每当他回忆起当时的情景都会说："那天，整个海阳比过年还热闹，大街小巷到处挂满了五星红旗，男女老少都扭起了大秧歌。看到大家那个高兴劲儿，我觉得一切辛苦、伤痛都太值了。"

1950 年，于化虎作为胶东民兵代表出席了全国战斗英雄代表大会，会上他被授予"全国民兵战斗英雄"称号，还受到

△ 1950年毛泽东主席在中南海亲切接见抗战英雄于化虎

了毛泽东、周恩来等党和国家领导人的接见。当毛泽东知道他就是于化虎时,拉着他的手说:"你就是那个让敌人闻风丧胆的'活雷化虎',好呀,好呀!我听说你用一颗地雷就杀伤了七个敌人,是吗?"于化虎看到敬爱的毛主席竟然知道自己的名字,激动得说不出话来,只是一个劲儿地点头。毛泽东接着又说:"辛苦了,你们这些不怕牺牲的民兵,可是我们党最坚强的后盾。现在新中国虽然成立了,但还有更长久的路要走,你们要继续发扬这种不怕苦、不怕牺牲的精神,为新中国的建设添砖加瓦。"

于化虎连忙答道："我取得的成绩都是党和人民给予的，今后我一定听党和国家的，为人民服务。"会后，他还亲自给有关人员演示埋雷的技巧和各种地雷的制作方法。

1950 年到 1953 年他三次出席华东英模大会；1995 年于化虎应邀参加"纪念抗日战争胜利 50 周年"座谈会；1999 年参加国庆 50 周年庆典活动，受到江泽民等领导人的接见。

后　记

历史不会忘记，英名永留心中

　　抗日战争的胜利在世界近现代战争史上不可不说是一个奇迹，而创造这个奇迹的除了中国共产党的正确领导外，更离不开的就是中国广大人民群众的积极参与。正是这些看起来普通的劳动人民用自己的智慧与勇敢，创造出一个又一个奇迹，最终把嚣张的日本侵略者赶出了中国，而在这些奇迹中地雷战更是一个成功的典范。

　　如果单纯以杀伤力来说，地雷战并不能说是最出色的杀敌方法，但从心理战上来说，它是非常有效的。大家可以想象一下：在空无一人的公路上，或者山野里，突然想起莫名其妙的连环爆炸声音，身边的人被突然飞来的弹片击中，或者看似平静的山上突然发生剧烈的爆炸，然后飞过来劈天盖地的碎石，那种气氛，恐怕比震天的炮击更加令人恐惧。当时北平出版的敌伪报纸在写到敌军进我根据地的情景时说："踏上海阳的土地，正是如临深渊，如履薄冰，人人不安，谈雷色变。"而更让日本人无法理解的是，像于化虎这样没有受过正规军事训练的农民，却把拥有先进武器的日本军队打得无处可逃。他们曾经指望通过悬赏来抓住于化虎等人，但他们得到的却是更多的于化虎送来的大大小小、无处不在的地雷，并最终慑于地雷战的威力而撤出海阳。

而这些对于于化虎来说，他并不觉得这是什么了不起的功绩，他常说："在当时那种情况下，每一个有血性的中国人，都一定会奋起反抗，我不过是在党的领导下，在村民的支持下，取得了一点儿小的成绩，没什么值得夸耀的"，"我当初参加革命不为当官出名，只是希望我的家乡、我的父老乡亲不再受日本人的欺压，能过上安稳的日子"。他也一直用行动证明着自己的理想，从 27 岁参加革命开始到 90 岁去世的 63 年，于化虎把全部热情都献给了党的革命事业。在战争年代，他带领村民埋地雷，炸得鬼子闻风丧胆；建设年代，他用自己的双手在那片曾经和敌人战斗过的土地上开垦出一片片良田，把海阳建设成一个美丽的花园。

今天虽然于化虎已经离开了，但历史会永远铭记他为海阳人民解放所作出的贡献，而他为祖国为人民无私奉献、为革命事业全心付出的精神，也永远留在了海阳人民心中。